আমি নাস্তিক কেন?
এবং অন্যান্য লেখা

ভগত সিংহ

ডায়মণ্ড বুক্স
www.diamondbooks.in

প্রকাশক : ডায়মন্ড পকেট বুকস (পি) এলটিডি.
: X-30 ওখলা ইন্ডস্ট্রিয়ল এরিয়া, ফেজ - II
নই দিল্লি - 110020
ফোন : 011- 40712200
ই - মেল : wecare@diamondbooks.in
ওয়েবসাইট : www.diamondbooks.in
এডিশন : 2025

আমি নাস্তিক কেন? (Ami Nastik Keno?)
Main Nastik Kyon Hoon? (Bangla)
by *Bhagat Singh*

যদিও এটা অনেক দশক আগে লেখা, এই বইর বিষয় বস্তু - যুক্তিবাদ, সামাজিক ন্যায় আর বিচার-বুদ্ধির স্বতন্ত্রতা সমসাময়িক সমাজে আজও ততটাই প্রাসঙ্গিক। পাঠকদের এটা পৃথিবীময় ছড়ানো ধর্মের ভূমিকা, কারণ এবং সক্রিয়তাবাদের প্রতিবিম্ব দেখতে প্রোৎসাহিত করবে।

-প্রকাশক

ভূমিকা

ভগত সিংহ, ভারতবর্ষের স্বাধীনতা সংগ্রামের বিপ্লবী প্রতিমূর্তি, ওনাকে ওনার প্রচন্ড দেশপ্রেম, অদম্য সাহস আর আপসহীন ভাবমূর্তির জন্য বিশেষ করে মনে করা হয়। যাই হোক, ওনার বৈপ্লবিক কার্যকলাপ এবং বলিদানের সাথে ওনার আদর্শের কিছু এমন দিক ছিল যা আমাদের অজানা - তার নাস্তিকতা। ওনার এই প্রভাবশালী লেখা - "আমি নাস্তিক কেন" তে ভগত সিংহ ধর্ম এবং বিশ্বাসের ওপর নিজের দার্শনিক চিন্তাধারা সুস্পষ্টভাবে তুলে ধরেছেন, যা ধর্মীয় মতবাদের ওপর বাধ্যতামূলক সমালোচনা প্রস্তুত করে আর যুক্তিবাদ ও মানবতাবাদের ওকালতি করে।

ভগত সিংহের জীবন ঔপনিবেশিক ভারতবর্ষের টাল-মাটাল সামাজিক - রাজনৈতিক হওয়ার সাথে জটিল এবং ঘনিষ্ট ভাবে সংযুক্ত ছিল। ১৯০৭ এ একটি ধার্মিক শিখ পরিবারে ওনার জন্ম হয়। উনি ব্রিটিশ ঔপনিবেশিক শাসনে স্থায়ী অন্যায় আর অসমানতার সরাসরি সাক্ষী ছিলেন। অল্পবয়সী ভগত সিংহের শিরায়-শিরায় স্বাধীনতা আর সমানতার জন্য উৎসাহ বইছিলো যা ওনাকে ভারতের স্বাধীনতার সংগ্রামের আবর্তে চালিত করেছিল।

ভগত সিংহ বিপ্লবের সক্রিয়তাতে যত গোলকধাঁধার গভীরে এগিয়ে যাচ্ছিলেন, তত ওনার মধ্যে আদর্শের পরিবর্তন হচ্ছিল। যখন ওনার স্বাধীনতার জন্য অঙ্গীকার অবিচল ছিল, ওনার চিন্তাধারায় ধর্ম, সমাজ আর মানুষের অস্তিত্ব নিয়ে প্রশ্ন বিস্ত্রিত হচ্ছিল। এই আদর্শবাদের উত্তেজনার অগ্নিপরীক্ষার মাঝেই ওনার নাস্তিকতার বীজ রো পন হয়েছিল।

'আমি একজন নাস্তিক কেন' তে ভগত সিংহ তার বুদ্ধিগত যাত্রা পুরোপুরি খুলে দিয়েছেন, ঐশ্বরিক ব্যাপারে ওনার অবিশ্বাসের ভ্রমণ ও গতিপথের কথা বলেছেন। ধার্মিক মতামতের বিভিন্ন সূত্রকে খুলে ধরেছেন, কুসংস্কার এবং গোঁড়ামির প্রাসাদের এক-একটা ইঁট ভেঙেছেন।

তিনি কারণ এবং যুক্তির সাহায্যে, নাস্তিকতার উপর বাধ্যতামূলক তর্ক তৈরি করেছেন যেগুলো গবেষণামূলক প্রমান ও সমালোচনামূলক অনুসন্ধানের ভিত্তি তে দাঁড়ানো।

ওনার মতে নাস্তিকতা ঈশ্বরের বিশ্বাসের ওপর শুধু অস্বীকারকরণ নয় বরং মানুষের শক্তি ও মর্যাদার ওপর ইতিবাচক প্রমান। এমন একটা সমাজ যেটা জাতি কুসংস্কার, সাম্প্রদায়িক কলহ, আর ধর্মান্ধতা দিয়ে চালিত, সেখানে ভগত সিংহ ভাবেন, নাস্তিকতা একটা মুক্তির বল, মানবিকতা কে অজ্ঞতা আর অন্ধ সংস্কারের শৃঙ্খল থেকে উদ্ধার করার।

উপরন্তু বলা যায় ভগত সিংহের নাস্তিকতা সঙ্গী মানুষদের জন্য নৈতিক দায়িত্বর একটা বিশাল অনুভূতি দিয়ে সিক্ত। উনি ভাবতেন এমন একটা সমাজ যেখানে মানুষের পারস্পরিক সম্বন্ধ ঐশ্বরিক প্রতিশোধের দ্বারা নিয়ন্ত্রিত নয় বরং দয়া-করুনা, সহানুভূতি, এবং একতা দ্বারা প্রতিষ্ঠিত। ওনার দৃষ্টিতে প্রত্যেক ব্যক্তিকে আরও ন্যায়পূর্ণ এবং সমতাপূর্ণ বিশ্বের দিকে নিয়ে যাবার জন্য নাস্তিকতা একটা নৈতিক দিশানির্দেশক হিসেবে কাজ করে।

আমি নাস্তিক কেন' এর প্রকাশনের স্থায়ী প্রাসঙ্গিকতা ছাপিয়ে যায় তার অস্থায়ী সীমাবদ্ধতাকে। এই সময় যখন পুনঃউৎক্ষিত ধর্মীয় মৌলবাদ, সাম্প্রদায়িক হিংসা আর আদর্শবাদের সমবর্তন সমাজে স্থিত, তখন ভগত সিংহের যুক্তিবাদ ও মানবতাবাদের জন্য তুর্জনিনাদের নতুন ভাবে আবশ্যক প্রতিধ্বনি শোনা যায়। ওনার ধার্মিক মতবাদ নিয়ে সমালোচনা আর বৈজ্ঞানিক মানসিকতার জন্য ওকালতি, আধুনিক বিশ্বের জটিলতার মধ্যে চালিত হবার জন্য অভ্যন্তরিন পরিবর্তনের মূল্যবান রসদ দেয়।

উপসংহারে বলা যায় যে ভগত সিংহের ‘আমি নাস্তিক কেন’ ওনার বুদ্ধিযুক্ত অন্তর্দৃষ্টি, নৈতিক সাহস আর অদমনীয় চৈতন্যের টেস্টামেন্ট। ওনার ধারালো বিশ্লেষণ আর নাস্তিকতার জন্য আবেগময় অনুরোধের দ্বারা উনি আমাদের গভীরে থাকা বিশ্বাস কে আর আমাদের বিশ্বের পরিদৃশ্য কে জেরা করতে সরাসরি চ্যালেঞ্জ করেন। আমরা যত এই বুদ্ধিগত সাহসিক অভিযানে আরোহন করবো, আসুন আমরা মনোযোগ দিয়ে ভগত সিংহের কথা গুলো বুঝি আর এমন একটা বিশ্বের জন্য প্রচেষ্টা করি যেখানে ধর্মান্ধতার ওপরে বাস্তবিক কারণ জিতবে আর মানবিকতা সর্বোচ্চে রাজত্ব করবে।

এই বই নাস্তিকতা এবং যুক্তিবাদের ওপর আপনাদের চিন্তাধারা কে অন্বেষণের জন্য উত্তেজিত করবে, যেটা পাঠকদের সমালোচনাত্বক ভাবে তাদের বিশ্বাস কে পরীক্ষা করবে এবং বৈকল্পিক দৃষ্টিকোণের কথা বিবেচনা করতে আহ্বান করবে।

•

সূচি

ন্যাশনল কলেজ লাহোর ড্রামাটিক্স ক্লব এ তোলা ১৯২৩ র ফটো, ভগত সিংহ তৃতীয় স্থানে দাঁড়ানো।

(স্রোত: দ ইন্ডিয়ন এক্সপ্রেস)

ন্যাশনল কলেজ লাহোর ড্রামাটিক্স ক্লব এ তোলা ১৯২৩ র ফটো,
ভগত সিংহ তৃতীয় স্থানে দাঁড়ানো। -(স্রোত: দ ইন্ডিয়ন এক্সপ্রেস)

খাতকর কলানে ভগত সিংহের পৈত্রিক বাড়ী

১২ বছর বয়সে ভগত সিংহ

1

পাঞ্জাবী ভাষা এবং লিপীর সমস্যা

'পাঞ্জাবী ভাষা এবং লিপীর সমস্যা' বিষয়ের ওপর ১৯২৩ এ 'দ পাঞ্জাব হিন্দি সাহিত্য সম্মেলন' একটা নিবন্ধ প্রতিযোগিতা করান। ভগত সিংহ এর বিষয়ে প্রতিযোগিতার জন্য এই আলেখটা লেখেন। ভগত সিংহ এই আলেখের জন্য ৫০/- পারিতোষিক পান। ২৮ ফেব্রুয়ারী ১৯৩৩ এ এটি হিন্দি সন্দেশে পরে প্রকাশিত হয়।

"কোন সমাজ বা দেশ কে বুঝতে হলে, দেশ বা সমাজের সাহিত্যের সঙ্গে পরিচিতি একান্ত গুরুত্বপূর্ণ, কেননা সাহিত্যেও সেই সমাজের আত্মার চেতনা প্রতিবিম্বিত হয়।" ইতিহাস এই কথনের সত্যতার সাক্ষী। অনেক দেশেরা তাদের সাহিত্যে নির্ধারিত নির্দেশ অনুযায়ী চলে। নিজেদের উন্নতির জন্য প্রত্যেকটা দেশের কাছে উচ্চ গুণাগুণযুক্ত সাহিত্য থাকা দরকার। যেমন-যেমন সাহিত্যের স্তর উন্নত হয়, সেই দেশও অগ্রসর হয়। দেশপ্রেমিকরা - সে তারা সামাজিক সংস্কারক হোক বা রাজনৈতিক নেতাই হোক - তারা তাদের দেশের সাহিত্যের প্রতি সর্বোচ্চ মনোযোগ দেন। যদি তারা দেশের প্রয়োজনীয়তা, সমসাময়িক অবস্থানুসারে নতুন সাহিত্য রচনা না করতে পারে, তাহলে তাদের সব চেষ্টা অসফল হবে আর তাদের কাজ স্থায়ী হবে না।

বোধহয় গ্যারিবাল্ডি নিজের সেনাকে সহজে সচল করতে সেভাবে সফল হতেন না যদি না ম্যাজিনি সাংস্কৃতিক এবং সাহিত্যের নবজাগরণের জন্য তিরিশটা বছর ব্যায় না করতেন। আইরিশ ভাষারও সমান উৎসাহের সঙ্গে পুনরুজ্জীবিত করার চেষ্টা আয়রল্যান্ডে নবজাগরণ আনার জন্য হয়েছে। শাসনকর্তারা ওদের

ভাষা কে দমন করার জন্য এত শক্ত নিয়ম বানাতে চাইছিলেন যাতে আইরিশরা চরম ভাবে নিপীড়িত হয়। এমনকি বাচ্ছাদেরও তাদের কাছে পাওয়া কিছু গিলিক পদ্যের জন্য দণ্ড দেওয়া হত। ফ্রেঞ্চ রিভোল্যুশন রুসো আর ভলটেয়ারের সাহিত্য ছাড়া সম্ভব ছিল না। সাম্যবাদের প্রচার এবং অনুশীলন তো ছেড়ে দিন, রাশিয়ান রিভোল্যুশন, টলস্টয়, কার্লমার্কস আর ম্যাক্সিম গোর্কির জীবনের এত বছর ব্যায় করে নতুন সাহিত্য রচনা না করলে সম্ভব হত না।

একই ব্যাপার সামাজিক বা ধার্মিক সংস্কারকদের জন্য লাগু হয়। কবিরের অবধারণাগুলি ওনার সাহিত্যে স্থায়ী প্রভাব রাখে। আজও ওনার পদ্য মানুষকে তার মধুরতা আর সংবেদনশীলতার জন্য মন্ত্রমুগ্ধ করে।

এই রকমই কথা গুরু নানক দেবজীর জন্যও বলা যায়। যখন সিখ গুরুরা তাদের আস্থাকে নতুন রূপে প্রচারিত করার কথা ভাবেন যাতে আস্থাকে স্থাপিত করা যায়, তারা নতুন সাহিত্যের দরকার বোধ করেন । গুরু অঙ্গদজী কে এই ধারণাই প্রভাবিত করে আর উনি গুরুমুখী লিপি তৈরি করেন। পাঞ্জাবের সাহিত্য শত-শত বছর ধরে নিরন্তর মুসলিম আক্রমণের জন্য লুপ্তপ্রায় হয়ে গিয়েছিল। উনি ভারতীয় ভাষায় খোঁজ করে কাশ্মীরি লিপিকে আশ্রয় করলেন। পরে আদি গ্রন্থ গুরু অর্জুনদেবজী আর ভাই গুরুদাসজীর দ্বারা সংকলিত করা হয়। ওনারা আগামী দিনের কথা ভেবে নিজেদের আস্থাকে চিরস্থায়ী করার জন্য উপযুক্ত কাজ করেছিলেন। নিজেদের লিপিতে আর সাহিত্যে নিজেদের বিশ্বাসগুলো কে বাঁচিয়েছিলেন।

তারপর সময়ের পরিবর্তনের সঙ্গে পরিস্থিতিও পরিবর্তিত হয়, সাহিত্যের ধারায়েও পরিবর্তন আসে। গুরুদের নিরন্তর বলিদান ও কষ্ট দায়ক স্থিতি, পরিস্থিতি কে বদলে দেয়। যেখানে আমরা প্রথম গুরুর দ্বারা নিষ্ঠা আর আত্ম বিশ্লেষণের পাঠ পাই আর অনুভূতি আর আত্ম নির্মূলতা এই উক্তিতে অনুভব করি

> নানক নন্হে হো রহে, জইসি নন্হী দূব
> অউর ঘাস জরি যাত হ্যায়, দূব খুব কী খুব

(নানক বলেন - আমাদের ক্ষুদ্র দূর্বার মতন বিনীত হওয়া উচিত। যেখানে অন্য ঘাস পুড়ে যায় কিন্তু দূর্বা বড় হতে থাকে।)

সেখানে অসহায়দের জন্য ভাতৃত্ব আর সাহায্যকারি হবার উপদেশ গুরু তেগ বাহাদুর সিংহ দেন।

বাঁহী জিনহা দি পকড়িয়ে, সির দিজে বাঁহী না ছোড়য়ে,
গুরু তেগ বাহাদুর বোলয়া, ধরাতি পাই ধরম না ছোড়য়ে।

(তুমি যাকে সুরক্ষা দিয়েছো, তোমাকে বলিদানের জন্য প্রস্তুত থাকতে হবে কিন্তু সুরক্ষা ছাড়বে না। গুরু তেগ বাহাদুর চান যে পৃথিবীতে নিজের ধর্ম পরিত্যাগ করবে না।)

ওনার বলিদানের পরেই আমরা একটা যোদ্ধার শৌর্য লক্ষ্য করি গুরু গোবিন্দ সিংহের উপদেশে। উনি যখন এটা বুঝতে পারলেন যে শুধু আধ্যাত্মিক নিষ্ঠা দিয়ে কিছু করা সম্ভব নয়,উনি 'চন্ডি'র আরাধনা আরম্ভ করলেন আর সিখ সম্প্রদায়কে আধ্যাত্মবাদ আর যোদ্ধার সংশ্লেষণ করে একটা উপাসক আর যোদ্ধা বানিয়ে ফেললেন। ওনার পদ্যগুলিতে (সাহিত্যে) আমরা নতুন চেতনসত্তা পেলাম। উনি লিখলেন:

যে তোহি প্রেম খেলন দা সির ধর তালি গলি মোরি আব,
যে ইত মারগ পৈর ধরিজাই, সির দিজাই কান নো দিজাই।

(যদি তুমি প্রেমের খেলায় রুচি রাখ, নিজের মাথা হাতে রেখে আমার গলিতে ঢুকবে। একবার এই রাস্তায় যদি পা রাখ তো ফেরত যাবে না, এমনকি যদি তোমাকে তোমার জীবন হারাতে হয় তাও)।

এবং তারপর:

সূরা সো পহচানিয়ে, জে লড়ে দীন কে হেত,
পুর্জা-পুর্জা কট মারে, কব্বু না ছাড়ে খেত।

(কেবল সেই বীর, যে গরিবদের জন্য লড়াই করে,তাকে টুকরো করা হোক আর মেরে ফেলা হোক, কিন্তু সে নিজের ক্ষেত্র ছাড়ে না)।

তারপর হঠাৎই তলওয়ার উপাসনা আরম্ভ হয়।

এই চেতন সত্তা নিয়েই বাবা বান্ডা আর অন্যান্যরা মুসলিম শাসকদের সঙ্গে নিরন্তর যুদ্ধ করেছে। পরে আমরা দেখলাম যে সিখ সম্প্রদায় নৈরাজ্যবাদীদের এক দল হয়ে থেকে গিয়েছিল, তাদের অবৈধ ঘোষিত করা হল, আর তারা বলপূর্বক নিরন্তর খালি জঙ্গলেই থাকতে বাধ্য হয়, কোন সাহিত্য রচনা সে সময় হয়নি, তাদের মধ্যে একটা যোদ্ধার শৌর্য্য ছিল, সাহস আর বলিদানের অনুভূতি ছিল আর মুসলিম শাসকদের সঙ্গে নিরন্তর যুদ্ধের অদম্য মানসিকতা ছিল, কিন্তু তারা এর বাইরে ভবিষ্যতের জন্য কিছু ভাবতে পারেনি। এতেই বোঝা যায় যে এই

যোদ্ধাদের দলরা নিজেদের মধ্যেই কেন মারামারি করতো৷ এইখানেই তাদের প্রাসঙ্গিক চেতন সত্তার অভাব আমাদের ভাবায়৷ রঞ্জিত সিংহের মতন যোদ্ধা এবং চাতুর্যে ভরা রাজা যদি পরে না আসতেন, সিখরা উচ্চ আদর্শের বা প্রানসত্বা যা ওদের এগিয়ে নিয়ে যেতে পারে, তার থেকে বিচ্ছিন্ন হয়ে পড়তো৷

এগুলোর সঙ্গে আর একটা ব্যাপার ধ্যানাকর্ষণের যোগ্য, যত সংস্কৃত সাহিত্য আছে যদি তাদের কে একসাথে করা হয়, তারা হিন্দু সমাজ কে পুনরুজ্জীবিত করতে অসমর্থ হয়েছে, নতুন সাহিত্যের রচনা সমসাময়িক আধুনিক ভাষায় হওয়াটা অত্যন্ত দরকার৷ আজ পর্যন্ত আমরা সেই সাহিত্যেই প্রভাবিত হয়েছি যেটা প্রাসঙ্গিক মানসিক সত্তা দ্বারা রচিত হয়েছে৷ এমনকি একজন মানুষ, উপযুক্ত ভাবে শিক্ষিত ও অনুধাবন শক্তি সম্পন্ন হওয়া সত্ত্বেও, সংস্কৃতের দুর্বোদ্ধ শ্লোক এবং উচ্চস্তরীয় আরেবিকের অয়াত (পদ্য) অত সহজ ভাবে বুঝতে পারেনা যতটা সরল ভাষায়, সরল বক্তব্যে সম্ভব হয়৷

পাঞ্জাবী ভাষার এবং সাহিত্যের একটা পরিচয় ওপরে দিয়েছি৷ এখন আমরা আমাদের সময় ফিরে আসছি৷ স্বামী বিবেকানন্দ বাংলার এবং স্বামী রামতীর্থ পাঞ্জাবের প্রায় একই সময় জন্ম নিয়েছিলেন৷ একস্তরে দুজনেই সমান ছিলেন, দুজনেই বিদেশে ভারতীয় দর্শন স্থাপিত করে যশ অর্জন করেছিলেন৷

স্বামী বিবেকান্দদের মিশন বাংলায় একটা স্থায়ী প্রতিষ্ঠান হিসেবে স্থাপিত হয়েছে, যখন কিনা পাঞ্জাবে স্বামী রামতীর্থর একটা স্মারকও হয়নি৷ ওদের চিন্তাধারার মধ্যে অনেক গুরুত্বপূর্ণ বৈষম্য ছিল, কিন্তু ওদের আসল জায়গায় শক্তিশালী মিল ছিল৷ যখন স্বামী বিবেকানন্দ কর্মযোগের উপদেশ দিতেন, স্বামী রামতীর্থ আনন্দের সঙ্গে গাইতেন;

হম রুখে টুকড়ে খায়েঙ্গে,
ভারত পর ওয়ারে জায়েঙ্গে,
হম সুখে চনে চবায়েঙ্গে,
ভারত কী বাত বনায়েঙ্গে,
হম নঙে উমর বিতায়েঙ্গে,
ভারত পর জান মিটায়েঙ্গে৷

(আমরা শুকনো টুকরো খেয়ে থাকবো, কিন্তু ভারতের জন্য বলিদান দেব, আমরা শুকনো ছোলা খেয়ে থাকবো, কিন্তু নিজের দেশের জন্য কাজ করবো,

আমরা সারা জীবন নগ্ন হয়ে কাটিয়ে দেব, কিন্তু ভারতের জন্য নিজের জীবন দিয়ে দেব।)

অনেক সময় তিনি আমেরিকা তে সূর্যাস্তের সময় কেঁদেছিলেন, আর বলেছিলেন "এখন তুমি আমার প্রিয় দেশে উঠছ। আমার চোখের জলকে, আমার দেশের ওপর শিশিরের মত জলভরা ক্ষেতের ওপর ছড়িয়ে দিও।" এরকম একজন দেশভক্তি পূর্ণ, ভগবান আমাদের রাজ্যে জন্ম নিয়েছিলেন আর আমাদের কাছে তার একটা স্মারক পর্যন্ত নেই। এটাকে কী বলা যায় আমাদের নিরক্ষরতার অণুঅগ্রসরতা?

এটা আমরা প্রত্যেক পদক্ষেপে অনুভব করি, অনেক মহান ব্যক্তিরা পাঞ্জাবে জন্মগ্রহণ করেছেন, যাদের সঙ্গে শ্রী দেবেন্দ্র ঠাকুর আর কেশব চন্দ্র সেন (বেঙ্গল) এর তুলনা করা যায়, কিন্তু আমরা তাদের সম্মান দিইনি, ওদের মৃত্যুর পর ওদের ভুলে গেছি। উদাহরণার্থ - গুরু জ্ঞান সিংহজী ইত্যাদি। আমরা তার জন্য একটাই কারণ খুঁজে পাই, পুরোপুরি সাহিত্যে অরুচি আর জাগরূকতার অভাব। সত্য এই যে কোন সম্প্রদায় বা দেশ তার সাহিত্য ছাড়া এগোতে পারে না। কিন্তু সাহিত্যের জন্য প্রধান দরকার ভাষার আর সেটা পাঞ্জাবে নেই।

এই প্রতিবন্ধন থেকে অনেকদিন আগেই মুক্ত করা সত্ত্বেও, ভাষার প্রশ্নটা এখনও অমিমাংসিত রয়ে গেছে। এর পেছনে আমাদের প্রদেশে সাম্প্রদায়িকতার ভাব-ভাষার মাঝে একটা দুর্ভাগ্যপূর্ণ কারণ। অন্যান্য প্রদেশে আমরা দেখি যে মুসলিমরা প্রদেশের ভাষা কে আপন করে নিয়েছে। বাংলায় সাহিত্য জগতে কবি নজরুল ইসলাম একজন উজ্জ্বল তারা। লতিফ হুসৈন 'নটবর', হিন্দি সাহিত্য জগতে প্রসিদ্ধ কবি। গুজরাটেও ব্যাপারটা একই রকম। কিন্তু পাঞ্জাব এ বিষয়ে দুর্ভাগা। এখানে মুসলমান দের ছেড়ে দিন, সিখ আর হিন্দুরাও একমত নয়।

পাঞ্জাবের ভাষা পাঞ্জাবী হওয়া উচিত, যেমন অন্যান্য রাজ্যে। কিন্তু সেটা হয়নি। যখন তখন এইরকম প্রশ্ন অনায়াসে উঠে আসে, মুসলিমরা উর্দুকে আপন করে নিয়েছে। মুসলিমদের মধ্যে একেবারেই ভারতীয়তা নেই তাই তারা আরবি লিপি আর পারসিয়ন ভাষার প্রচার করতে চায়। যেখানে তারা ভারতীয়তার মহত্ব বোঝেনা, সেখানে একটা ভাষার মহত্বও তারা বুঝতে অসফল, যেটা শুধু হিন্দি হতে পারে। এই জন্যই তারা উর্দুর দাবি তোতাপাখির মতন করেই যায় আর নিজেদেরকে এইভাবে তারা আলাদা করে নিয়েছে।

এইবার শিখদের ব্যাপার বলছি। ওদের সব সাহিত্য গুরুমুখী লিপিতে লেখা। হিন্দি সেখান আংশিক ভাবে স্থিত কিন্তু পাঞ্জাবীই প্রধান অংশ। তাই পাঞ্জাবীরা গুরমুখীতে নিজেদের পাঞ্জাবী ভাষা কে আপন করে নিয়েছে। তারা সেটাকে কোনমতেই ছাড়তে পারবে না। তারা ওটাকে আপন করেছে একটা সাম্প্রদায়িক ভাষা হিসেবে।

অন্য দিকে আর্য্য সমাজ এসেছে। স্বামী দয়ানন্দ পুরো ভারতবর্ষে হিন্দি কে প্রচার করার চেষ্টা করছেন। হিন্দি আর্য্য সমাজের প্রচারে একটা মুখ্য ধার্মিক অংশ হয়ে উঠেছে। এই ধর্মীয় সংযুক্তি একদিক থেকে ভাষার জন্য ভালই হয়েছে। সেটা হল, যেখানে শিখরা পাঞ্জাবীতে কট্টরভাবে যুক্ত ছিল, আর্য্য সমাজীরা হিন্দিকে তার আসল জায়গায় পৌঁছবার কাজ করেছে।

আর্য্য সমাজের প্রথম দিকের আন্দোলনে, শিখ এবং আর্য্য সমাজীরা একই জায়গায় ধার্মিক সমাবেশ করতেন। সেই সময় তাদের মধ্যে আলাদা কোন অনুভূতি ছিল না কিন্তু পরে 'সত্যার্থ প্রকাশ' কাগজে কিছু এমন উক্তি হয়েছিল যাতে ওদের পরস্পরের মধ্যে বিদ্বেষ হয়ে যায়। শিখরা এই ধারায় বয়ে যায় আর এমনকি হিন্দিকেও ঘৃণা করতে আরম্ভ করে। অন্যজনেরা এটা লক্ষ্য করেনি।

এরপর, বলা হয়, সমাজরেই নেতা, মহাত্মা হংসরাজ জী অনেক নেতাদের সঙ্গে আলোচনা করে এটা প্রস্তাবিত করেন যে যদি পাঞ্জাবিরা হিন্দি লিপিকে আপন করে নেয় তাহলে তিনি ওটাকে বিশ্ববিদ্যালয়ে স্বীকৃত করিয়ে দেবেন। কিন্তু তারা এই প্রস্তাবের মহত্ব বুঝতে পারেনি কেননা তাদের সংকীর্ণ মনোভাব এবং সাহিত্যের প্রতি সচেতনতাই ছিল না। এই সময় তিনটে ভাবধারা পাঞ্জাবে চলছিল। প্রথমতঃ উর্দুর প্রতি মুসলিমদের সশক্ত মোহ; দ্বিতীয়তঃ হিন্দির জন্য আর্য্য সমজিদের আর কিছু সংখ্যক হিন্দুদের আগ্রহ আর তৃতীয়তঃ পাঞ্জাবির প্রতি নিষ্ঠা।

এখানে প্রত্যেকটি ভাষা নিয়ে কথা বলাটা মহত্বপূর্ণ নয়। সবথেকে প্রথমে আমরা মুসলিমদের দৃষ্টিকোণ দেখি। তারা উর্দুর কট্টর সমর্থক। বর্তমানে এই ভাষা পাঞ্জাবে সবচেয়ে বহুল। কোর্টের ভাষাও এটাই। তারপর কিছু মুসলিমরা বলে এতে জায়গা কম ব্যবহার হয়। এটা অবশ্য অনেকটাই ঠিক কিন্তু এই সময়ে সবথেকে আমাদের কাছে গুরুত্বপূর্ণ প্রশ্ন হল দেশকে একসূত্রে বাঁধা, কিন্তু সেটা এখনই হয়ে উঠছেনা। এর জন্য আমাদের ধাপে-ধাপে এগোতে হবে। যদি আমরা সম্পূর্ণ দেশের জন্য একটা ভাষাকে আপন না করতে পারি তাহলে আমাদের অন্ততঃ একটাই লিপিকে আপন করা উচিত। উর্দু লিপিকে পুরোপুরি সঠিক লিপি বলা যায়না

আর প্রমুখ ব্যাপার হল এটা পারশিয়ন ভাষার লিপীর ওপর আধারিত। উর্দু কবিদের কল্পনার উড়ানে - যদি তারা হিন্দি (ভারতীয়) হয় তাহলেও পারস্যের সাকি (বার -মেড) আর আরব দেশের খেজুর গাছ পর্যন্তই সীমিত। কাজী নজরুল ইসলামের কবিতায় ধূর্যটি, বিশ্বামিত্র আর দুর্বাসার উল্লেখ প্রায়ই দেখি, কিন্তু আমাদের পাঞ্জাবী, হিন্দি-উর্দু কবিরা এসব ভাবতেই পারে না।

এটা আমাদের দুঃখ পাবার বিষয় নয় কী? ওদের ভারতীয়তার এবং ভারতীয় সাহিত্যের বিষয়ে অনভিজ্ঞতাই এর জন্য দায়ী। যখন তারা ভারতীয়তাকে আত্মসাৎ করতে পারছে না তাহলে তাদের সাহিত্য কী করে আমাদের ভারতীয় বানাবে? ছাত্ররা শুধু উর্দুই পড়ছে, তারা ভারতীয় উচ্চ সাহিত্যের বিষয়ে কী ভাবে জ্ঞান অর্জন করবে। এমন নয় যে এগুলো উর্দুর সাহিত্যিক ভাষায় অনুবাদ হতে পারে না কিন্তু সেটা একজন পারসিয়ন কেই লাভ দেবে, যে ভারতীয় সাহিত্যের অনুসরণ করতে চায়।

এতে আর একটা কথা জুড়ে দেবো যেটা উপরোক্ত বক্তব্যকে বুঝতে সহজ করবে, যখন সাধারণ শব্দ আর্য্য আর স্বরাজ কে লেখা হচ্ছে আরিয়া আর স্বরাজিয়া হিসেবে, তাহলে গহন দর্শনের বিষয়গুলির কি হবে? কিছুদিন আগেই সরকারি অনুবাদক উর্দুতে ঋষি নচিকেতাকে "নিচি কুতিয়া" লিখে দিয়েছিলেন যার মানে হয় "নীচ মুখের মেয়ে কুকুর", এটা লালা হরদয়াল সিংহ, এম. এ. র বই 'কউমে কিস তরহ জিন্দা রহ সকতি হ্যায়' (জাতীয়তা কি ভাবে বাঁচবে) বইটার অনুবাদের ঘটনা। এটা না লালা জীর ভুল না অনুবাদকের ভুল। এটা উর্দূ লিপির ত্রুটি আর হিন্দি এবং উর্দুর ভাষা এবং সাহিত্যের মাঝে অমিল।

বাকি সম্পূর্ণ ভারতে ভারতীয় ভাষা আর লিপি আছে। এই অবস্থায় আমরা কি পুরো দেশে একা পড়ে যাব, এটাই আদত কথা, মুসলিম লেখকরা উর্দূর কট্টর অনুযায়ী আর উচ্চ পারসিয়ন উর্দূ তে লেখেন, মুসলিম খবরের কাগজে যেমন 'জমিন্দার' বা 'সিয়াসত' এর লেখার ওপর প্রচন্ড আরবিক প্রভাব আছে তাই সেগুলো সাধারণ মানুষের বোধগম্য নয়।

এই অবস্থায় কি করে তাদের প্রচার সম্ভব? আমি ভাবি আমাদের মুসলিম ভাইরা 'কমাল দ তুর্ক' এর মতন নিজেদের ধর্মের সঙ্গে সংযোগ রেখে, নিজেদেরকে ভারতীয়তার সঙ্গে যুক্ত করার কথা ভাবুক। ভারতের পরিত্রান তবেই সম্ভব। কোনোভাষাকে ধর্মের প্রশ্নের সঙ্গে না জুড়ে, আমাদের বিস্তৃত দৃষ্টিকোণ রাখতে হবে।

এবার আমরা পাঞ্জাবী আর হিন্দির সমস্যা নিয়ে কথা বলব। অনেক আদর্শবানেরা এমন কল্পনা করেন যেখানে সারা বিশ্ব একটা দেশে পরিণত হবে, একটা বৈশ্বিক দেশ তৈরি হবে।

এই আদর্শের কল্পনাটা সুন্দর আর নিজের মধ্যে এই ভাবটা রাখা উচিত। কিন্তু সেটা আজই সম্ভব নয়, আমাদের প্রতিটা পদক্ষেপ, আমাদের সব চেষ্টা জাতীয়তা, দেশ আর রাষ্ট্রকে একটা সুদৃঢ় বন্ধনে বাঁধতে হবে। আমাদের আপন করে নিতে হবে একটা ভাষা কে, একটা লিপিকে, একটা সাহিত্যকে, একটা আদর্শ কে আর একটা দেশকে। কিন্তু এই এক ভাষা কে সবাইকে একত্বের সঙ্গে করতে হবে, যাতে আমরা একে অন্যের সঙ্গে কথাবার্তা বলতে পারি আর বুঝতে পারি। একজন পাঞ্জাবী আর মাদ্রাজী এক জায়গায় বোবার মতন একসাথে যাতে না বসে থাকে বরং নিজেদের মত আর সমবেদনা একে-অন্যের সঙ্গে ভাগ করার চেষ্টা করতে পারে, আর এটা আমাদের নিজেদের ভাষা হওয়া উচিত, হিন্দি , না কি কোন বিদেশী ভাষায় যেমন ইংরেজি। এমনকি এই কল্পনার বাস্তবায়ন হতেও অনেক বছর লেগে যাবে। প্রথমতঃ আমাদের কিছু লোকের মধ্যে নয়, পুরো জনগণের মধ্যে সাহিত্যের প্রতি সজাগতার জন্য চেষ্টা করতে হবে। মানুষের নিজস্ব ভাষা সাহিত্যের প্রতি সচেতনতা আনার জন্য জরুরি। এই তর্কের ওপর ভিত্তি করেই আমরা বলছি যে পাঞ্জাবে সফলতা কেবল পাঞ্জাবী ভাষাতেই আসতে পারে।

আজ পর্যন্ত পাঞ্জাবী ভাষা, সেন্ট্রল পাঞ্জাবের সাহিত্যের ভাষা হয়ে উঠতে পারেনি। এটা গুরমুখী লিপিতে লেখা হয় আর এখন সেটাকে পাঞ্জাবী বলা হয়। এটা না বিস্তৃত ভাবে প্রচলিত, না এটার কোন সাহিত্য বা বৈজ্ঞানিক মহত্ব আছে। এটার প্রতি আগেও খেয়াল করা হয়নি, বরং এখন যারা এতে সাহিত্যের চেষ্টা করছে তারাও বর্তমানে এর লিপির মধ্যের অভাবগুলোর জন্য কিছু করতে পারছেনা। প্রত্যেকটা শব্দের শেষে 'অ' লাগানোটা এর দুর্বলতা দেখায়, এতে যুক্তভাবে লেখার অক্ষমতাকে প্রমান করে। এমন কি যদি পূর্ণা শব্দটাকে লিখতে হয়, এতে লেখা যাবে না। এই অর্থে এই লিপি উর্দূর থেকেও অসম্পূর্ণ কিন্তু আমাদের কাছে যখন বৈজ্ঞানিক ভাবে এবং সঠিক হিন্দি লিপি আছে তাহলে সেটাকে গ্রহণ করতে আমাদের কি দ্বিধা? গুরমুখী লিপি, হিন্দিরই বিকৃত রূপ। প্রথম থেকে সব নিয়মগুলিই সমান তাহলে আমরা কতটা লাভবান হবো যদি এটাকে মেনেনি। পাঞ্জাবী ভাষা এই সঠিক লিপিকে গ্রহণ করে নিলে রাতারাতি উন্নতি করবে।

আর এর প্রচারে কোন সমস্যাই হবে না। পাঞ্জাবের হিন্দু মহিলারা আগে থেকেই এই লিপি জানে, ডি. এ. ভী. আর সনাতন ধর্ম স্কুলে কেবল হিন্দিতেই পড়ানো হয়, তাহলে এই অবস্থায় সমস্যাটা কোথায় হচ্ছে? আমরা হিন্দির সমর্থকদের অনুরোধ করব, শেষ পর্যন্ত আর নিশ্চিতভাবে সম্পূর্ণ ভারতের একমাত্র ভাষা হিন্দি হবে, কিন্তু এটা সহজ হবে যদি আমরা এখন থেকেই প্রচারের চেষ্টা করি। হিন্দির লিপিকে স্বীকার করে নিলে পাঞ্জাবী হিন্দির মতনই হয়ে যাবে, আর তারপর কোন অন্তর থাকবে না, আর এটাই চাই, সাধারণ মানুষ নিজের ভাষায় শিক্ষা পাবে যেটা শুধু সম্ভব আমাদের নিজস্ব ভাষা এবং নিজস্ব লিপির মাধ্যমে। এই পাঞ্জাবী কবিতাটা দেখুন

ও রাহিয়া রাহে জানদিয়া, সুন্ যা গল্ মেরী
সির তো পাগ তেরে বলায়ত দি, ইহনুন ফুক মুয়াতারা লা।

(ও পথিক, আমার কথা শোন, মাথার বিদেশী পাগড়ীটা পুড়িয়ে দাও আর 'মুয়াতারা' নিয়ে নাও।)

এমনকি সুন্দর হিন্দি কবিতাও এর মতন মনে দাগ কাটতে পারবে না, কেননা এখনও সেগুলো মানুষের হৃদয়ে স্থান করে নিতে পারেনি। ওগুলোকে এখনো কেমন বিদেশী মনে হয়। এর কারণ হিন্দির উদ্ভব সংস্কৃত থেকে আর পাঞ্জাব তার থেকে অনেক দূরে চলে গিয়েছে। পাঞ্জাবে পার্সিয়ন ভাষারই আধিপত্য বেশি। উদাহরণস্বরূপ অনেকগুলো জিনিষকে একত্রে বলা হয় 'চিজেঁ' সেটা 'চিজেন' হয়ে গিয়েছে। এই নিয়মটা সব জায়গায়। এখানে জোর দিয়ে বলতে চাইছি যে হিন্দি এখনো পাঞ্জাবের হৃদয় থেকে অনেক দূরে যখন কিনা পাঞ্জাবী খুব কাছাকাছি। অবশ্যই পাঞ্জাবী হিন্দির কাছাকাছি আসবে যখন হিন্দি লিপি ব্যবহার করে এতে সাহিত্য রচনা হবে।

এই পর্যন্ত প্রায়ঃ সবই মুখ্য কথাগুলোর এখানে বিবেচনা হয়ে গিয়েছে। শুধু একটা কথা বলার আছে। অনেকেরা তর্ক দেন যে পাঞ্জাবী ভাষায় মধুরতা, সৌন্দর্য্য আর আবেগের অভাব। এটার কোন যুক্তি নেই। কিছুদিন আগেই এই কবিতার মধুরতা সৌন্দর্য্য আর আবেগ কবীন্দ্র রবীন্দ্রকেও মন্ত্রমুগ্ধ করেছে:

লচ্ছিয়ে, যিতথে তু পানি ডোলিয়া,
উতথে উগ পায়ে সন্দল দে বুটে।

(ও লাচ্ছি যেখানে তুমি জল ছড়াবে সেখানে চন্দনের গাছ অংকুরিত হবে।)

আরও অনেক উদাহরণ দেওয়া যায়। এই যুগল পংক্তিগুলো কি কোন ভাষার থেকে কম সুন্দর:

পিপল দে পত্তেয়া ওয়ে কহি খড়খর লাই অই,
পত্তে ঝাড়ে পুরানে হুঁ রূত নওয়ায়ন দি আই দে।

(পিপলের পাতা, তোমরা কেন হট্টগোল করছো? পুরানো পাতা ঝড়ে গেছে আর নতুন পাতার জন্য রিতু এসেছে।)

এবং যখন একজন পাঞ্জাবী একা বসে আছে বা অন্যদের সঙ্গে, তাদেরকে কি গৌহরের এই লেখা ছাড়া অন্য কোন ভাষা এতটা প্রভাবিত করতে পারবে:

লাখ লকখন তে করোরণ দে শাহ ওয়েখে
না মুসাফিরান কোই উধার দেন্দে,
দিনে রাতি দে কুহ ডেরে,
না অনবন গুলান দি ওয়াসনা তে
ভৌরে বরনদে গুলাম দি ওয়াসনা তে
না সাপোঁ দে মুহাঁ তে কোই প্যার দেন্দা
গৌহর সাসে সলুক হাঁ জিয়ুআদিয়া দে
মোয়া জিয়ান উন তার কোই বিসার দেন্দা।

(আমি বড়লোকদের লাখে-লাখে সেনা দেখেছি। কেউ তাকে ধার দেয়না যে থাকেনা, এক জায়গায় থাকেনা। কেউ তাদের বিশ্বাস করে না। কালো ভ্রমর ফুলের গন্ধে, ফুলের ওপর বসে। কেউ সাপের ফণা কে ভালোবাসে না। ও গৌহর ভাল ব্যবহার আর স্বাগত জানানো তাদের যারা বেঁচে আছে, কিন্তু মৃত্যুর সময় সবাইকে বিদায় সম্ভাশন সবাই করে।)

জীব জিয়দিয়া নু কিউঁ মারনা অয়ে
জেকর নাহিন্তু মোয়ন না জিয়াউঁ জোগা,
ঘর আয়ে সওয়ালী নু কিউঁ ঘুরনা অয়ে
জেকর নহি তু হাতিথন খৈর জোগা,
মিলে দিলা নউন কয়কর তোড়না অয়ে
মিলে দিলা তু বিছড়িয়া নু মিলাউন জোগা
ই গৌহর বার বিয়া রখ বন্দ খানে
যেকর নহী তু নেকিয়া কুমাউঁ জোগা।

(জীবিত প্রাণীকে কেন মারো যখন তোমার মৃতকে আবার জীবিত করার ক্ষমতা নেই? কেন তোমার দরজায় দাঁড়ান ভিখারির দিকে তাকিয়ে থাকো যখন তোমার তাকে কিছু দেবার ক্ষমতা নেই? কেন হৃদয়ের মিলান কে ভাঙো যখন তোমার আলাদা হওয়া হৃদয়কে মিলিত করার ক্ষমতা নেই? ও গৌহর, যদি তুমি অন্যদের ভাল করতে পারোনা, তাহলে তোমার ভাল খাবার আর ঘরের দরজা বন্ধ রাখ।)

এবং এখন দর্দ, মস্তানা, দিওয়ানা দের মতন অনেক কবিরা পাঞ্জাবী কবিতাকে সমৃদ্ধ করছে।

এটা খুব কষ্টকর যে এরকম মিষ্টি, এরকম মুগ্ধ করা ভাষা কে এমন কি পাঞ্জাবীরাও গ্রহণ করছে না। তারা এখনো অস্বীকার করে, আর এটাই সমস্যার জটিলতা। প্রত্যেকে নিজের নিজের ধর্মীয় বিশ্বাসের ওপর ভর করে তর্ক দেয়। পাঞ্জাবে ভাষা আর লিপিকে নিয়ে এটাই মুখ্য সমস্যা, যে বাধাকে দূর করতে হবে। কিন্তু শিখেদের মধ্যে এখন সাহিত্যের প্রতি জাগরণ আসছে সেটাই আশা। হিন্দুদের মধ্যেও আছে। কেন জ্ঞানী লোকেরা পারস্পরিক আলোচনা করে নির্ণয় নিচ্ছে না? এটাই এই সমস্যার নিদান, এই প্রশ্নটাতে ধর্মকে একদিকে রেখে বিবেচনা করতে হবে। এই ভাবে ভাবতে হবে আর পাঞ্জাবী ভাষা কে অমৃতসরের পত্রিকা 'প্রেম' এর মতন স্বীকৃতি দিতে হবে। এই ভাবে সমস্যার উত্তর পাওয়া যাবে। এই বিরক্তিকর অবস্থাকে শেষ করে, পাঞ্জাব সুন্দর এবং উত্তম সাহিত্য রচনা করবে যাতে ভারতীয় ভাষার মাঝে এটাও শ্রেষ্ঠ ভাষা হিসেবে গণ্য হবে।

**

২

অস্পৃশ্যতার সমস্যা

"ভগত সিংহ এই অপূর্ব লেখা টা ১৬ বছর বয়সে ১৬ জুন ১৯২৩ তে লিখেছিলেন। পরে ১৯২৮ এ এটা কীর্তিতে প্রকাশিত হয়।"

আমাদের দেশ সত্যি একটা মারাত্মক অবস্থায় রয়েছে, বেশিরভাগ উদ্ভট রকমের অনুসন্ধান এখানে করা হয়, তার মধ্যে সর্বপ্রথমে অস্পৃশ্যদের নিয়ে তদন্ত, যারা দেশের ৩০ কোটি জনগণের মধ্যে ৬ কোটি।

উদাহরণ স্বরূপ :-

কোন অচ্ছুতের সম্পর্কে এলে উচ্চ জাতি অপবিত্র হয়ে যায় ? মন্দিরে ঠাকুর, অচ্ছুতরা সেখানে গেলে রেগে যাবেন না?

কোনো কুঁয়োর জল অপরিষ্কার হয়ে যাবে যদি অচ্ছুতরা সেখান থেকে নিজেদের জল নেয় ? এই প্রশ্ন গুলো বিংশ শতাব্দীতে জিজ্ঞেস করা হয়, এগুলো আমাদের লজ্জায় ফেলে দেয়।

আমরা ভারতীয়রা নিজেদের আধ্যাত্মবাদ নিয়ে গর্ব করি, কিন্তু তারপর প্রত্যেকটা মানুষকে আমাদের মতন সমান ভাবতে অস্বীকার করি। অন্যদিকে পশ্চিমী মানুষেরা যারা ধনতন্ত্র তে বিশ্বাসী বলে কুখ্যাত, তারা সমতার নীতিতে স্পষ্ট ভাবে বিশ্বাস করে।

এটা তারা আমেরিকা, ফ্রান্স ও রাশিয়ার বিপ্লবে করেছিল, তারা মে-ডে ডিক্লেয়রেশনের নীতিতে সমর্পিত এবং তার প্রচার তারা জীবনে সবরকমের পরিস্থিতিতে বৈস্যম কে নির্মূল করতে আজও করে আর এই নীতিকে পুরো সমর্থন

করে। কিন্তু আমরা ভারতীয়রা যারা আমাদের দেবী-দেবতা এবং ধার্মিকতা নিয়ে গর্ব করি, আজও এই নিয়ে গম্ভীর তর্ক করি যে অচ্ছুতদের পৈতে ধারণ করতে দেব কি না আর তাদের কে বেদ-শাস্ত্র পড়ার জন্য অনুমতি দেব কিনা। আমরা প্রায় আমাদের সঙ্গে দুর্ব্যবহার, বিশেষ করে সাদা লোকেদের দ্বারা বা অন্যান্য দেশের দ্বারা যখন করা হয়, তখন নালিশ করি, সত্যি কি আমাদের এরকম অসম্মানের জন্য আওয়াজ তোলার নৈতিক অধিকার আছে ?

১৯২৬ এ, একজন সিন্ধি মুসলমান ভদ্রলোক মিঃ নূর মহাম্মদ বোম্বে লেজিসলেটিভ কাউন্সিলের সদস্য যথাযথ ভাবে বলেছিলেন, যেখানে হিন্দু সোসাইটি তাদের অন্য মানুষদের, সঙ্গী মানুষদের পবলিক স্কুলে পড়ার অনুমতি দেয়না, আর লোকাল বোর্ডের অধ্যক্ষ যে হাজার-হাজার লোকেদের প্রতিনিধি, নিজের বাড়িতে তার সঙ্গী ভাইদের ঢোকার অনুমতি দেয় না, তাদের প্রাথমিক জলের অধিকার থেকে বঞ্চিত করে, তাহলে আমলাতন্ত্রের কাছে তাদের আরও অধিকার চাইবার কি অধিকার আছে? অন্য দেশ থেকে আসা লোকেদের ওপর দোষারোপনের আগে আমাদের লোকেরা কি ভাবে···আমরা কি ভাবে তাদের কাছে আরও রাজনৈতিক অধিকার চাইতে পারি যখন আমরা নিজেরাই অন্যদের মানুষের প্রাথমিক অধিকার দিচ্ছি না?”

কত সত্য! কিন্তু যেহেতু এটা একজন মুসলিম বলেছেন, হিন্দুরা সময় নষ্ট না করে বললো যে আসলে মুসলিমদের উদ্দেশ্য হলো অচ্ছুতদের ইসলামে রূপান্তরিত করার আর এইভাবে নিজেদের ভাতৃত্বে ওদের সম্মিলিত করার। কিন্তু তারপর, এটা একটা অবারিত কঠিন সত্য হয়ে উঠলো- যে যদি তোমরা (হিন্দুরা) তাদের কে নিজেদের গরু-ছাগলের চেয়ে নিকৃষ্ট মনে কর, তাহলে তারা তোমাদের ছেড়ে যাবে আর সেই ধর্ম কে আপন করে নেবে যেখানে তাদের সঙ্গী হিসেবে দেখা হবে আর বেশি অধিকারের আশা থাকবে, যেখানে তাদের সাথে সহ মানুষ হিসেবে ব্যবহার হবে।

তাহলে এটা কি নিরর্থক নয় যে আমরা মুসলমান বা খৃষ্টানদের দোষ দেই যে তারা হিন্দুবাদের অবমূল্যায়ন করছে ?

কতটা সত্য আর ন্যায্য ! তাসত্ত্বেও হিন্দুরা এই সহজ সত্যটা শুনে রাগে কাঁপে। যাই হোক, এটা হিন্দুদের এই বিষয়ে আত্মসন্তুষ্টিকে নাড়িয়ে দিয়েছে। সনাতন ব্রাহ্মণরাও এ নিয়ে আবার ভাবতে আরম্ভ করেছে, তাতে কিছু স্বঘোষিত

সংস্কারকরাও যোগ দিয়েছে। পাটনায় একটা বড় হিন্দুদের সভা হয়। লালা লাজপত রায়, যাঁকে অচ্ছুতদের প্রতি চিরকালীন একটা সহানুভূতি রাখা মানুষ বলে চিহ্নিত করা যায়, উনি অধ্যক্ষতা করেছিলেন। সেখানে জোরদার তর্ক চলে, অচ্ছুতদের পৈতা পরা বা বেদ-শাস্ত্র পড়ার তারা যোগ্য কি না ? অনেক সামাজিক সংস্কারকরা নিজেদের মেজাজ গরম করে ফেলেন কিন্তু লালা তাদের এই দুটি বিষয়ে আপোষ করার কথায় সহমত করেন আর এইভাবে হিন্দু ধর্মের সম্মান রক্ষা হয়, না হলে পরিনাম কি হত কে জানে?

ভেবে দেখুন কতটা লজ্জাকর! এমন কি একটা কুকুর আমাদের কোলে বসতে পারে, স্বচ্ছন্দ ভাবে আমাদের রান্নাঘরেও ঢুকতে পারে কিন্তু একজন সহ মানুষ যদি ছুঁয়ে দেয় তাহলে ধর্ম বিপন্ন হয়ে পড়বে। এটা এতখানি যে বিখ্যাত সামাজিক সংস্কারক পণ্ডিত মালবীয়জী, যাঁর অচ্ছুতদের প্রতি সহানুভূতি সবাই জানে, তিনিও জনতার সামনে একজন মেথরের কাছ থেকে গলায় মালা পরতে রাজি হলেন, কিন্তু পরে নিজেকে অপরিষ্কার মনে করে স্নান করলেন, সেই পরা কাপড় ছাড়লেন, ধুলেন। কি বিদ্রুপ ! মন্দির ঈশ্বরের আরাধনার স্থান, যিনি আমাদের সবার মধ্যে আছেন, একজন গরিব সেখানে একবার গেল, তাকে বার করে দেওয়া হল, আর ঈশ্বর রেগে গেলেন। হিন্দুদের মধ্যে যদি এই অবস্থা হয়, আমরা বাইরের লোকেদের সঙ্গে কোন মুখে সমতার জন্য ঝগড়া করি ? এই রকমের অকৃতজ্ঞতা আমাদের প্রশ্ন আরও বাড়ায়, যারা আমাদের জন্য দাস/ চাকরের ভূমিকায় থেকে আমাদের জীবনকে আরও আরামদায়ক বানায় আমরা তাদেরকেই এড়িয়ে চলি। আমরা জন্তুদের ভালোবাসি কিন্তু আমরা সহ মানুষদের আমাদের পাশে সহ্য করতে পারিনা।

আজকাল এই ব্যাপারটা একটা জ্বলন্ত তর্কের বিষয়, এইভাবে নিম্ন প্রাণীরা একটু মনোযোগ পাচ্ছে। এই সন্দর্ভে আমাদের দেশের স্বাধীনতার জন্য, সাম্প্রদায়িক প্রতিনিধিত্বের (লেজিসলেচরে হিন্দু/মুসলমান/সিখের) অনুপাত কোন লাভ দিতে পারছে না, কিন্তু অন্ততঃ হিন্দু, মুসলিম, শিখরা নিজেদের কোটা বাড়ানোর চেষ্টা করে চলেছে, সেটা এই অচ্ছুতদের নিজেদের সঙ্গে সম্মিলিত করে। এখানে মুসলমানরা তাদেরকে ইসলামে পরিবর্তিত করে সমান অধিকার দেবার কাজ আরম্ভ করে দিয়েছে।

এতে হিন্দুদের নিশ্চই দুঃখ হচ্ছে, কটুতা বাক্যে, আর পরিণামে দাঙ্গাও আরম্ভ হয়ে গিয়েছে। শিখেরাও জেগে উঠেছে পাছে তারা এই দৌড়ে পেছনে

না থাকে। তারাও অমৃত খাওয়ানোর জন্য উঠে-পড়ে লেগেছে, তাতে হিন্দু আর শিখদের মধ্যেও মতভেদ মাথা মুন্ডন ও পৈতা পরানো নিয়ে বাড়ছে। সবাই একে অন্যকে ছাপিয়ে যাবার চেষ্টা করছে যাতে অনেক বিশৃঙ্খলা ছড়াচ্ছে। খ্রিষ্টানরা বাইরে দাঁড়িয়ে চুপচাপ নিজেদের একত্রিত করে খবর রাখছে। যাই হোক না কেন এই অশান্তি অস্পৃশ্যদের ধরে রাখার চেষ্টাকে দুর্বল করে দিচ্ছে।

তাদের জন্য বলা যায় যে যখন তারা ভাবছে এই সমস্ত মারামারি ওদের জন্য আর সবাই তাদের দ্বারা লাভ পেতে চাইছে, তখন তারা এটাও ভাবছে যে কেন না নিজেদেরকে সংগঠিত করা যায়? জানা নেই যে এর পেছনে সরকারের কোন হাত আছে কি না, বা তার নিজেরাই এই বিবেচনা করেছে কিন্তু এটা একেবারেই সত্যি যে তাদেরকে 'আদি ধর্ম মন্ডল' সাহায্য করছে আর এই ধারার প্রতি প্রবণতাকে তারা পছন্দ করছে।

এখানে একটা আধারভূত প্রশ্ন আসছে এই সমস্যা কে শেষ করার সবচেয়ে প্রভাবশালী রাস্তা কী? উত্তরটা খুব স্পষ্ট, সবচেয়ে বড় কথা যে এটা ভালর জন্য করা হোক, সব মানুষ তাদের জন্ম বা পেশার পার্থক্য ছাড়া এক সমান। অন্য ভাবে বলতে গেলে যেহেতু কেউ মেথরের ঘরে জন্ম নিয়েছে তাই সেও সারা জীবন লোকেদের ময়লাই পরিষ্কার করবে আর জীবনে অগ্রসর হবার কোন সুযোগ পাবেনা, এগুলো সব বাজে-ফালতু কথা।

ইতিহাস থেকে যদি বলা যায় তাহলে যখন আমাদের আর্য্য পূর্বপুরুষরা সমাজের এই বর্ণে সঙ্গে বাছবিচার আরম্ভ করেছিল, তাদের সঙ্গে অন্যান্য মানুষদের সম্পর্ককে নাকচ করেছিল আর তাদের দাস বা চাকর হিসেবে দাগিয়েছিল, যত নোংরা কাজ এদের দেওয়া হয়েছিল, তারাও কিন্তু স্বাভাবিক ভাবে এই নীতির বিরুদ্ধে বিপ্লবের কথা ভেবে চিন্তিত হয়েছিলেন, সব কিছুই পুরানো পাপের ফল, তার জন্য এখন কী করা যায়? চুপচাপ সহ্য করা! আর এই রকমের ঘুমের ওষুধ দিয়ে তারা কিছু সময়ের জন্য শান্তি পেতে সক্ষম। কিন্তু তারা সেই পাপের ভাগিদার যারা মানুষের অভ্যন্তরীণ মূল্য, মানুষের মূল্য যেমন আত্মসম্মান, আত্মনির্ভরতা কে এইরকম ভাবে নৃশংস ভাবে নষ্ট করেছে। এখন প্রায়শ্চিত্তর সময়।

একটা বিশাল সামাজিক পরিপ্রেক্ষিতে, অস্পৃশ্যতার একটা মারাত্মক সাইড এফেক্ট আছে, মানুষরা সাধারণভাবে সেই কাজ গুলোকে ঘৃণা করছে যেগুলো জীবনের পক্ষে আবশ্যক। আমরা বুনকর দের অচ্ছুত মানি যারা আমাদের কাপড়

দেয়। উ.পি. তে যারা জল আপূর্তি করে ঘরে-ঘরে, তাদেরকেও অস্পৃশ্য মানা হয়। এইগুলো সবই আমাদের উন্নতিতে বিশাল বড় বাধা সৃষ্টি করে কেননা আমরা শ্রম কে সম্মান দেই না। বিশেষ করে মানব শ্রমিক কে। আমাদের এটা স্বীকার করতে হবে, তাই অগ্রসর হওয়ার জন্য আমাদের তাদেরকে অচ্ছুত বলতে, বিবেচনা করতে হবে।

প্রত্যেকটা জিনিস তাহলে নিজের জায়গায় এসে যাবে।

এই বিষয়ে নৌজোয়ান ভারত সভা আর ইয়ুথ কনফরেন্স সবচেয়ে উপযুক্ত, সেটা হল, এই সব ভাই দের কাছে ক্ষমা চাওয়া, যাদের আমরা অচ্ছুত বলে ভাবি, তাদের, আমাদের সঙ্গি মানুষ হিসেবে ভাবা, তাদেরকে ইসলাম, শিখইজম বা হিন্দুইজম এর পরিবর্তন ছাড়া, তাদের খাবার/জল তাদের কাছ থেকে নেওয়া, এবং আমাদের মধ্যে বচসা না করে তাদের মনুষত্বের সম্মান পুনঃরুদ্ধার না করলে আমাদের সব কিছু নিরর্থক।

কিন্তু যখন এই আন্দোলন নিয়ে আমরা মানুষের সমতা এবং ভাতৃত্ব নিয়ে গ্রামে গেলাম সরকারি এজেন্টরা জাঠেদের উস্কাতে আরম্ভ করল যে এটার মাধ্যমে ওরা আপনাদের দাসত্বের কাজ করতে না করবে। এতটা জাঠেদের উত্তেজিত করার জন্য যথেষ্ট, তাতে আমাদের, চেষ্টার সঠিক দিকে এগোতে বাধা পড়ল।

কিন্তু উচ্চবর্ণরা এটাও বুঝতে পারলো যে তাদের জীবন কে আরও উন্নত করার জন্য এটা কখনই সম্ভব হয়ে উঠবে না যদি তারা এই মানুষদের নিম্ন স্তরের বা দাস হিসেবে ভাবে আর নিজেদের পায়ের তলায় চেপে রাখে। এটা দূর করে দাও, তারা পরিষ্কার হয়ে যাবে। আমরা কী উচ্চ বর্ণে গরিবদের অপরিষ্কার দেখিনা ? তাছাড়া নোংরা কাজ করা খারাপ নয়; উদাহরণার্থ মায়েরা তাদের বাচ্চাদের জন্য সব রকমের নোংরা কাজ করে। তারা কী নোংরা ? যাই হোক, শেষে এই সমস্যার পর্য্যাপ্ত সমাধান তখনই সম্ভব যতক্ষণ না অচ্ছুত সম্প্রদায় নিজেরা একত্র হয়ে সংগঠিত হচ্ছে। আমরা ওদের বর্তমানে নিজস্ব অস্তিত্বের জন্য একত্র হওয়াকে, আর লেজিসলেচরে মুসলিমদের মত সমান সংখ্যায় হবার দরুন তাদের প্রতিনিধিত্বর দাবি কে সম্মান জানাই। এটা সঠিক দিশায় করা আন্দোলন, হয় সাম্প্রদায়িক প্রতিনিধিত্বকে ব্যান্ড করে দেওয়া হোক বা এই মানুষগুলোকে তাদের উচিত হিস্সা দেওয়া হোক !! নীতি অনুযায়ী কাউন্সিল, এসেম্বলি এগুলো সব সম্প্রদায়কে নিঃশুল্ক স্কুল, কলেজ, কুঁয়া, রাস্তার সুবিধা দিতে বদ্ধ, এবং সঙ্গে-

সঙ্গে শুধু কাগজে কলমে নয়, বরং তাদের কে নিজেদের কুঁয়া অবধি নিয়ে যাওয়া, স্কুল, কলেজ ভর্তি করানও তাদের কাজ। কিন্তু এই লেজিসলেচরে যেখানে বাল-বিবাহ বিল নিয়ে হৈ-চৈ হয়, সেটাকে বন্ধ করার জন্য কেননা সেটা নাকি ধর্মের জন্য হুমকি, সেখানে সাহস আছে অচ্ছুতদের নিজেদের স্তরে আনার না, কখনও নয়, এই জন্যই আমাদের অনুরোধ তারা উদ্যমের সাথে লেজিসলেচরে তাদের স্বতন্ত্র প্রতিনিধিত্বের, সংখ্যা অনুযায়ী দাবি করুক।

সবকিছু বলে ঘোষণা করার জন্য আমাদের কাছে শব্দ নেই। ওঠো ! তথাকথিত অচ্ছুতরা, জীবন বজায় রাখার আসল বহনকারী, জাগো আর পেছনে তোমাদের অতীত কে দেখো, তোমরাই গুরু গোবিন্দ সিংহের সেনার মেরুদন্ড ছিলে। শিবাজী তোমাদের সহোযোগিতায়েই ইতিহাসে উজ্জ্বল স্থান বানাতে সক্ষম হয়েছিলেন। তোমাদের বলিদান স্বর্নিম অক্ষরে লেখার যোগ্য। যে ভাবে তোমরা আমাদের জীবনকে বাঁচিয়ে রেখেছ আর আমাদের আরামদায়ক জীবন দিয়েছ, তার জন্য আমাদের তোমাদের প্রতি কৃতজ্ঞতা অনুভব করা উচিত। আমরা যারা তোমাদের মর্ম উপলব্ধি করতে অসফল হয়েছি। ল্যান্ড এলিনেসন এক্ট (শ্রেণী অনুযায়ী যারা কৃষি কাজ করেন তাদের জমিন স্থানান্তরিত করা হবে না) তোমাদের নিজেদের জন্য জমিন কেনার অধিকার থেকে বঞ্চিত করেছে, এমনকি যদি তোমরা তার দাম দিতে পার তও না। যে ভাবে তোমরা নির্যাতিত হচ্ছ সেটা আমেরিকার মিস মেয়োকে তোমাদের ওপর "মানুষের চাইতে কম" এর তকমা লাগাতে উৎসাহ দিয়েছে। বস্তুত, তোমাদের নিজস্ব চেষ্টা ছাড়া তোমরা অগ্রসর হতে পারবেনা।

যারা নিজেদের কে স্বতন্ত্র করে নেবে, তাদের উচিত প্রথম ধাক্কাটা মারা। এটা সবসময় মাথায় রাখা দরকার যে যারা বিশেষ সুবিধা প্রাপ্ত শ্রেণী, তারা নিজেদের অধিকার দ্বারা সুখে থাকতে প্রচেষ্টা চালিয়ে যাবে, কিন্তু নিজের থেকে নিচে থাকা গুলোকে নিপীড়িত করতে সারাক্ষন চেষ্টা করবে আর সুবিধাহীন দের নিজের জুতোর তলায় রাখতে চাইবে। এটাকে অধিকার মানা হবে। সেই জন্যই সময় নষ্ট না করে নিজেরা একত্র হবে নিজের পায়ে দাড়াও আর সমাজের প্রচলিত নিয়ম-নীতিকে চ্যালেঞ্জ কর। তাহলে দেখা যাবে যে কে তোমাদের উচিত পাওনা দিতে তোমাদের না বলার সাহস করবে। অন্যদের দয়ায় থেকো না আর ওদের বিষয়ে কোন ভ্রান্তি রেখো না। সতর্ক থাকা আর আমলাতন্ত্রর পাতা ফাঁদে পোরোনা কেননা

তারা তোমাদের বন্ধু না হয়ে ওরা তোমাদের নিজেদের সুরে নাচাবার সুযোগ খুঁজবে। পুঁজিবাদী এবং আমলাতান্ত্রিক সংমিশ্রণ, সত্যি বলতে গেলে তোমাদের নিপীড়ন এবং দুস্থতার জন্য দায়ী। তাই সর্বদা এদের থেকে দূরে থাকো। এদের ফাঁদ থেকে সাবধান থেকো। এটাই তাহলে রাস্তা। তোমরা আসল শ্রমজীবী। শ্রমিকদের একতা - তোমাদের হারানোর কিছু নেই শুধু তোমাদের বন্ধন। ওঠো আর বর্তমান নিয়মের বিরুদ্ধে বিপ্লব কর। ক্রমবাদ আর সংস্কারবাদ তোমাদের জন্য নয়।

সামাজিক আন্দোলনের দ্বারা ক্রান্তি আরম্ভ কর আর রাজনৈতিক আর আর্থিক বিপ্লবের জন্য কোমর বেঁধে নাও। তোমরা, একমাত্র তোমরাই দেশের স্তম্ভ, এটাই আসল শক্তি। ও ঘুমিয়ে থাকা সিংহরা ! জাগো আর বিপ্লবের পতাকা তুলে ধরো।

**

৩

হোলির দিন রক্ত ছড়ালো ববর অকালীদের ক্রূশবিদ্ধ করা হল

"১৯২৫-২৬ এ ভগত সিংহ কানপুরে ছিলেন, হিন্দি সাপ্তাহিক 'প্রতাপ'এ গণেশ শংকর বিদ্যাথীর অধীনে পত্রিকায় কাজ করছিলেন। কানুরে থাকাকালীন ববর অকালি আন্দোলনের শহীদদের নিয়ে উনি এই আলেখটি লেখেন আর এতে একটি পাঞ্জাবী যুবক হিসেবে হস্তাক্ষর করেন। এটা 'প্রতাপে' ১৯২৬ এ প্রকাশিত হয়।"

ফেব্রুয়ারী ২৭, ১৯২৬, হোলীর দিন যখন আমরা সবাই আনন্দে মত্ত ছিলাম, এই মহান রাজ্যের এক কোনায় একটা ভয়ঙ্কর ব্যাপার ঘটেছিল। যখন আপনি এটা শুনবেন আপনি কম্পিত হবেন! থরথর করে কেঁপে উঠবেন ! সেই দিন লাহোর সেন্ট্রল জেলে, ছয় জন বীর ববর অকালিদের ফাঁসি দেওয়া হয়। শ্রী কিশন সিংজী গড়্গাজ্জা, শ্রী সান্তা সিংজী, শ্রী দিলিপ সিংজী, শ্রী নন্দ সিংজী শ্রী করম সিংজী এবং ধরম সিংজী এরা ট্রায়ল চলার সময়, দু বছর ধরে অত্যন্ত উদাসীনতা দেখিয়েছিলেন যাতে বোঝা যায় যে এই দিনটার জন্য অত্যন্ত আগ্রহে তারা অপেক্ষায় ছিলেন। অনেক মাস পরে জজ তার রায় শোনান। পাঁচ জনের ফাঁসি হবে, অনেকে সারাজীবন কারাদণ্ড বা নির্বাসন, কারাদণ্ডে সময়টা যথেষ্ট লম্বা। দোষী হিরোরা জয়ঘোষ ছিল। ওদের বিজয়ী স্লোগানে আকাশ বিদির্ণ হল। তারপর একটা আপিল পেশ করা হল। পাঁচজনের জায়গায় এবার ছয় জনের ফাঁসি হবে। সেই দিনই আর একটা খবর পাওয়া গেল যে মার্সি পিটিশনও দেওয়া হয়েছে।

পাঞ্জাবের সেক্রেটরী ঘোষণা করলেন যে ফাঁসি দেওয়া হবে না। এঁরা অপেক্ষা করছিলেন কিন্তু হঠাৎ দেখি সেই হোলীর দিনেই, শোকাকুল লোকেদের একটা ছোট দল ওই হিরোদের মৃতদেহ নিয়ে শ্বশানের দিকে যাচ্ছে। তাদের শেষকৃত্য চুপচাপ সম্পন্ন হল।

শহরে তখন উৎসব চলছে, পথচলা লোকেদের ওপর রং দেওয়া হচ্ছে। কি ভীষণ বৈষম্য ! যদি তারা ভুল পথে গিয়েছিল, যদি তারা উন্মাদনায় ভেসে গিয়েছিল, তবে তাই হোক। যাই হোক না কেন, তারা ভয়হীন দেশপ্রেমিক ছিল। তারা যা কিছু করেছে, সেটা এই হতভাগ্য দেশের জন্যই করেছে। ওরা অন্যায় সহ্য করতে পারেনি। ওরা ধ্বস্ত দেশের চেহারা দেখতে পারেনি, দীন-হীন মানুষদের নিপীড়ন ওদের অসহ্য লেগেছিল। ওরা জনগণের শোষণ সহ্য করতে পারেনি , ওরা চ্যালেঞ্জ করেছিল আর কাজে লাফিয়ে পড়েছিল। ওদের জীবন শক্তি ভরপুর ছিল। ওহ ! ওদের সমর্পিত কাজের কি ভীষণ ক্ষতি ! তোমরা আশীর্বাদপ্রাপ্ত। মৃত্যুর পর বন্ধু আর শত্রু একরকমই হয়ে যায় সেটাও মানুষদের আদর্শ ভাবনা। এমনকি যদি তারা ঘৃণিত কিছু করে থাকেন।

তাঁদের জীবন কে মৃত্যুর পর দেশের বেদিতে, ব্যাপারটা কিছু অন্য রকম হয়, বাংলার বীর বিপ্লবী যতীন মুখার্জীর মৃত্যুর সময় শোকে সবাই তাঁর বাধাহীন অঙ্গীকার, প্রশংসনীয় সাহস আর দেশপ্রেমের প্রশংসা করেছে। কিন্তু আমরা ভীতুরা আর হতভাগ্য মানুষরা আমাদের উৎসব ক্ষণকালের জন্য বন্ধ রাখার সাহস দেখাতে পারিনি। কি হতাশাজনক কাজ ! কি দীনতা! ওদেরকে নৃশংস বুর্জোয়াদের স্তর অনুযায়ী অনেক বেশি শাস্তি দেওয়া হয়েছে। এভাবে একটা ভয়ঙ্কর ট্র্যাজেডী শেষ হল, কিন্তু পর্দা এখনো পড়েনি। ড্রামার আরও অনেক ভয়ংকর দৃশ্য আছে। গল্পটা একটু বড় ,আমাদের জানতে হলে কিছুটা পেছতে হবে।

অসহযোগ আন্দোলন তার পুরো দমে চলছিল। পাঞ্জাবও পিছিয়ে থাকেনি। শিখেরা নিজেদের গভীর ঘুম থেকে জেগে উঠেছিল আর সেটা সত্যিই জাগরণ ছিল। আকালী আন্দোলন আরম্ভ হল। অনেক বলিদান দেওয়া হল।

মাস্টার মোটা সিং, খালসা মিডিল স্কুল, মহালপুর (জিলা হোসিয়ারপুর) এর প্রাক্তন শিক্ষক একটা বক্তিৃতা দেন। ওনার বিরুদ্ধে একটা ওয়ারেন্ট বেরয় কিন্তু রাজার আতিথেয়তা নেবার ব্যাপারে উনি কোন রুচি দেখালেন না। উনি জেল ভরার জন্য এরেস্ট হতে অসহমত হলেন। ওনার বক্তিতা জারি থাকল। কোট - ফাটুনি গ্রামে একটা বড় 'দিওয়ান' ডাকা হয়েছিল। পুলিশ চারিদিক থেকে

ঘেরা বন্দি করে দিয়েছিল, তারপরও মাস্টার মোটা সিং নিজের বক্তৃতা দিয়ে গেলেন। সভার অধ্যক্ষের আদেশে শ্রোতারা এদিক-ওদিক ছড়িয়ে পড়লো। মাস্টার রহস্যজনকভাবে পালিয়ে গেলেন। এই লুকা-ছুপির খেলে অনেক দিন ধরে চললো। সরকার ক্ষেপে গিয়েছিল। শেষমেশ এক বন্ধুর ধোখাবাজিতে মাস্টার সাহেব দেড় বছর পর ধরা পড়লেন। এটা এই নাটকের প্রথম ভয়ঙ্কর দৃশ্য।

'গুরু কে বাগ' আন্দোলন আরম্ভ হল। ভাড়া করা গুন্ডারা নিশস্ত্র হিরোদের মেরে আধমরা করে দিচ্ছিল। কেউ কি এগুলো খেয়াল করেছিল বা এদের কথা শুনেছিল ,কোন সাহায্য কি কেউ করেছিল ? তখন শুধু এরেস্ট আর এরেস্টে চারিদিকে চলছিল। সর্দার কিষণ সিং গড়গাজ্জার এর বিরুদ্ধে এরেস্ট ওয়ারেন্ট বেরোল কিন্তু উনি ওই শ্রেণীরই ছিলেন আর এরেস্ট মানলেন না। পুলিশ প্রানপনে, পুরোদমে চেষ্টা করল কিন্তু প্রত্যেকবার উনি বেঁচে যেতেন। ওনার নিজের একটা সংগঠন ছিল। উনি নিঃশস্ত্র আন্দোলনকারিদের ওপর নির্যাতন সহ্য করতে পারছিলেন না। উনি শান্তভাবে আন্দোলনের সঙ্গে শস্ত্র ব্যবহার করার প্রয়োজন বোধ করলেন।

অন্য দিকে, কুকুরগুলো, সরকারের শিকারী কুকুরগুলো, সূত্র খুঁজে বেড়াচ্ছিল যাতে ওনার গন্ধ পাওয়া যায়; আর আর একদিকে ধান্দাবাজ (ঝোলি চুককাম) দের সংস্কার করার নির্ণয় নেওয়া হয়েছিল। সর্দার কিষণ সিংজী বলতেন যে আমাদের নিজেদের সুরক্ষার জন্য নিজেদেরকে সশস্ত্র রাখা দরকার কিন্তু আমাদের আপাততঃ কোন রকমের কাজে ঢুকে পড়ার দরকার নেই। বেশিরভাগরাই এর বিরুদ্ধে ছিলো। শেষে এই নির্ণয় নেওয়া হল যে এই ধান্দাবাজ দের সংস্কারিত করা হবে, আর তাদের মধ্যে তিনজন নিজেদের নাম দেবেন যারা সব দোষ নিজেদের ঘাড়ে নেবে। সর্দার করম সিংজী, সর্দার ধন্না সিংজী আর সর্দার উদয় সিংজী এই কাজে এগিয়ে এলেন।

কিছুক্ষনের জন্য এর যথাযথতার প্রশ্ন একদিকে রেখে সেই দৃশ্যের কল্পনা করা যাক, যখন তারা এই শপথ নিয়েছিলেন।

আমরা আমাদের সর্বস্ব দেশ সেবায় বলিদান করবো। আমরা যুদ্ধে মারা যাবার শপথ নিচ্ছি কিন্তু জেলে কখনই যাবোনা।

কি সুন্দর, পবিত্র দৃশ্য হয়েছিল, যখন এই মানুষেরা, যারা নিজেদের পরিবারের সমস্ত স্নেহ-ভালোবাসা ছেড়ে দিয়ে এই রকম শপথ নিয়েছিলেন ! বলিদানের শেষ কোথায়? সাহস এবং ভয়হীনতার সীমা কোথায় ? কোথায় চরম আদর্শ থাকে ?

শ্যাম চৌরাসী - হোসিয়ারপুর রেলওয়ে ব্রাঞ্চ লাইনের স্টেশনের কাছে একজন সুবেদার প্রথম শিকার হলেন। তারপর এই তিনজনেই নিজেদের নাম ঘোষণা করলেন। সরকার এদেরকে এরেস্ট করার খুব চেষ্টা করল, কিন্তু সফল হলনা। সর্দার কিষণ সিংজী , একবার রুরকী কলানের কাছে প্রায় পুলিশের ফাঁদে পরে যাচ্ছিলেন। একজন যুবক যে তার সাথে পালাচ্ছিল, আহত হবার দরুন পড়ে গেল আর পুলিশ তাকে ধরে ফেলল। কিন্তু সেখান থেকেও কিষণ সিংজী নিজের অস্ত্র দ্বারা পালতে সক্ষম হলেন। ওনার রাস্তায় একজন সাধুর সাথে আলাপ হল, সে বলল যে তার কাছে এমন জড়ী-বুটি আছে যেটা দিয়ে অসাধ্যসাধন করা যায়, সেটা অলৌকিক ভাবে কাজ করে। সর্দারজী তার কথায় বিশ্বাস করে নিশস্ত্র তার সঙ্গে দেখা করলেন। সেই সাধু তাকে কিছু গাছ-পালা দিয়ে কিছু তৈরী করতে বললেন আর ইতিমধ্যেই পুলিশ ডেকে আনলেন। সর্দার সাহেব বন্দি হলেন। সাধু আসলে সী.আই.ডি. বিভাগের ইন্সপেক্টর ছিল। ববর আকালীরা তাদের গতিবিধি বাড়িয়ে দিল। অনেক সরকার সহযোগী লোকেরা মারা পড়ল। ব্যাস আর সতলজ নদীর মাঝে দোয়াব ভূমি সেখানে জলন্ধর আর হোসিয়ারপুর দুট জেলা স্থিত, এসবের আগে থেকেই দেশের রাজনৈতিক নকশাতে তার অস্তিত্ব ছিল। ১৯১৫র বেশিরভাগ শহীদরা এই দুট জেলার ছিলেন। এখন আবার ওখানে নতুন ভাবে উত্থান হল। পুলিশ বিভাগ নিজেদের নিয়ন্ত্রণে যা শক্তি ছিল লাগিয়ে দিল কিন্তু কোন লাভ হলনা। জলন্ধরের কাছেই একটা ছোট নদী আছে, 'চৌন্তা সাহেব' গুরুদ্বারা একটি গ্রামে এই নদীর ধারেই।

একদিন শ্রী করম সিংজী, শ্রী ধন্না সিংজী, শ্রী উদয় সিংজী আর শ্রী অনুপ সিংজী অন্যান্যদের সঙ্গে বসে ছিলেন, চা তৈরি হচ্ছিল। হঠাৎ শ্রী ধন্না সিংজী বললেন : 'বাবা করম সিংজী, আমার কেন জানিনা একটা অমঙ্গলের আশংকা হচ্ছে, আমাদের এখন থেকে চলে যাওয়া উচিত।" ৭৫ বছর বয়সী করম সিং এই কথা গ্রাহ্য করলেন না কিন্তু শ্রী ধন্না সিংজী নিজের ১৮ বছর বয়সী ওনার শিষ্য দিলীপ সিং কে নিয়ে বেরিয়ে পড়লেন। হঠাৎ করম সিংজী অনুপ সিং এর দিকে বেশ কিছুক্ষন তাকিয়ে থেকে বললেন : "অনুপ সিং তুমি ভাল লোক নও। " কিন্তু তার কিছুক্ষন পরেই নিজের পূর্বশঙ্কার প্রতি অন্যমনস্ক হয়ে গেলেন। তারা সবাই কথা বলছিল তার মধ্যেই পুলিশ একটি ঘোষণা করল: যত ক্রান্তিকারীরা আছে তাদের বার কর নইলে পুর গ্রাম জ্বালিয়ে দেওয়া হবে। কিন্তু গ্রামবাসীরা কোন গুরুত্বই দিল না। অনুপ সিং সব বম্ব নিয়ে পালিয়ে সমর্পন করল। বাকি চারজনেরা দাঁড়িয়ে থাকলো,

তাদের চতুর্দিক থেকে ঘিরে ফেলা হয়েছিল। ব্রিটিশ পুলিশ ক্যাপ্টেন বললো : করম সিং অস্ত্র ফেলে দাও আর তোমাকে ক্ষমা করা হবে। " চ্যালেঞ্জের সঙ্গে হিরো উত্তর দিল, "আমরা শহিদের মৃত্যু মরবো, যুদ্ধ করে নিজের দেশের জন্য, সাচ্চা বিপ্লবীদের মতন কিন্তু আমরা অস্ত্র ছাড়বো না। "

উনি নিজের কমরেডদের ডাকলেন, তারাও সিংহের মতন গর্জে উঠল। যুদ্ধ হবেই বোঝা গেল, সব দিক থেকে গুলি চললো। যখন তাদের অস্ত্র শেষ হয়ে গেল, এই বীরেরা নদীতে ঝাঁপিয়ে পড়ল আর না থেমে সমানে লড়াই করে বীরের মতন শহীদ হল।

সর্দার করম সিং ৭৫ বছরের ছিলেন। তিনি তখন ক্যানাডায়। তার চরিত্র পরিষ্কার এবং আদর্শ স্বভাব। সরকার ভেবে নিল যে বব্বর আকালিরা শেষ হয়ে গেছে। কিন্তু বাস্তবিক ভাবে তাদের শক্তি বাড়ছিল। ১৮ বছরের দিলীপ সিং একজন শক্তিশালী আর পুরুষালি চেহারার যুবক ছিলেন যদিও নিরক্ষর। উনি আগে ডাকাতদের দলে ঢুকেছিলেন। ওনার ধন্না সিংজীর সঙ্গে আলাপ হবার পর তিনি ডাকাত থেকে সত্যিকারের বিপ্লবী হয়ে উঠেছিলেন। অনেক কুখ্যাত ডাকাতরা যেমন বন্তা সিং আর ভরিয়ম সিং ও ডাকাতি ছেড়ে এদের সঙ্গে মিলিত হলেন।

ওরা মৃত্যুকে ভয় করতেন না। ওনারা নিজেদের পুরানো পাপ ধুতে আগ্রহী ছিলেন। তাঁরা দিনে-দিনে সংখ্যায় বাড়তে লাগল, একদিন ধন্না সিং মৌহানা গ্রামে ছিলেন তখন পুলিশ ডাক দিল। ধন্না সিং নেশায় চুর হয়েছিলেন তাই কোন বাধা ছাড়াই ধরা পড়লেন। ওনার রিভলভর ছিনিয়ে নেওয়া হল আর হাথকড়ি পরিয়ে ওনাকে বাইরে নিয়ে আসা হল। বারজন পুলিশ ও দুজন ব্রিটিশ অফিসর ওনাকে ঘিরেছিলেন, ঠিক সেই সময় একটা ভীষণ শব্দের সঙ্গে বিস্ফোট হল। ধন্না সিং নিজেই একটা বম্ব বিস্ফোট করলেন। তিনি নিজে মারা গেলেন সঙ্গে একজন অফিসর আর দশজন পুলিশ মারা গেল। বাকিরা খুব বেশি আহত হল।

ঠিক এই ভাবেই, বান্তা সিং, জ্বালা সিং এবং আরও কয়েকজনকে মুন্দর গ্রামে ঘিরে ফেলা হল। সবাই বাড়ির ছাতে একত্র হয়েছিল। গুলি চলছিল, কিছুক্ষনের জন্য দুই দিক থেকেই এরকম চলল, কিন্তু পুলিশ বাড়ীর ওপর কেরোসিন ছড়িয়ে আগুন ধরিয়ে দিল। বান্তা সিং ওখানেই মারা গেলেন কিন্তু ভরিয়ম সিং ওখান থেকে বেঁচে পালিয়ে গেলেন।

কিন্তু একরকম ঘটনার উল্লেখ এখানে অপ্রাসঙ্গিক হবে না। বান্তা সিং অত্যন্ত সাহসী ব্যক্তি ছিলেন। জলন্ধর ক্যান্টনমেন্টে উনি সেনার একজন গার্ডের কাছ

থেকে তার ঘোড়া আর রাইফেল ছিনিয়ে নিয়েছিলেন। তখন অনেক পুলিশ স্কোয়ার্ড ওনাকে পাগলের মতন খুঁজছিল ;এইরকম একটা দল ওনাকে জঙ্গলে খুঁজে পায় আর হামলা করে। সর্দার সাহেব তাদেরকে চ্যালেঞ্জ করে তক্ষুনি জবাব দেন: "সাহস থাকে তো সামনে এসে লড়াই কর। " ওই দিকে পয়সার লোভী দাস লোকেরা ছিল। এই দিকে নিজের বলিদান দিতে আগ্রহী। ওদের উদ্দেশ্যের কোন তুলনা হয় না। পুলিশের দল পিছিয়ে যায়।

ওনাকে এরেস্ট করার জন্য যে বিশেষ পুলিশের দল রাখা হয়েছিল, তাদের একই অবস্থা ছিল। যাক, এরেস্ট একটা নিয়মে দাঁড়িয়ে গিয়েছিল। প্রতিটা গ্রামে পুলিশ চেক পোস্ট তৈরি হয়েছিল। ক্রমশঃ বব্বর আকালিরা দুর্বল হয়ে পড়ছিল। ওঁরা যেখানেই যেতো, ওদের সম্মানে সঙ্গে আপ্যায়ন করা হত কিন্তু কিছুটা ভয় এবং আতঙ্কের সঙ্গে।

যারা সাম্রাজ্যের সমর্থক তারা পরাজিত হয়েছিলেন, তারা সন্ধে থেকে সকাল হওয়া অবধি নিজেদের বাড়ি থেকে বেরোতে সাহস করতো না। এনারা সেই সময় 'হিরো' ছিলেন, তারা সাহসী ছিলেন আর তাদের উপাসনা প্রায় হিরো - উপাসনার মতনই ছিল, কিন্তু ধীরে-ধীরে তাঁরা তাঁদের শক্তি হারাতে লাগলেন।

একমাত্র ভরিয়ম সিং বেঁচে ছিলেন। উনি লরালপুরের দিকে এগোচ্ছিলেন কেননা জলন্ধর আর হোসিয়ারপুরে পুলিশের চাপ বেশি ছিল। একদিন তিনি বাজে ভাবে পুলিশের দ্বারা ঘিরে গিয়েছিলেন কিন্তু বীরত্বের সঙ্গে লড়ে ওখান থেকেও তিনি বেঁচে যান। উনি অত্যন্ত পরিশ্রান্ত হয়ে পড়েছিলেন। একলা হয়ে গিয়েছিলেন, একটা অদ্ভুত অবস্থা হয়ে গিয়েছিল। একদিন উনি ধেসিয়ানে নিজের মামার বাড়ি গিয়েছিলেন, হাতিয়ার সব বাইরে রাখা ছিল। খাবার খেয়ে উনি হাতিয়ার নিতে বাইরে গেছেন তক্ষনি পুলিশ পৌঁছে গেলো। ওনাকে চতুর্দিক থেকে ঘিরে ফেলা হল। ব্রিটিশ অধিকারী ওনাকে পেছন থেকে ধরে ফেললো। সে ওনাকে ওনারই কৃপাণ দিয়ে ভীষণ ভাবে আহত করল, তিনি পড়ে গেলেন। হাতকড়া পড়ানো হয়ে উঠলো না। দু বছরের দমনের পর আকালী দল শেষ হয়ে গেল। এরপর কেস আরম্ভ হল, জেতার আগে বর্ণনা দিয়েছি। কিছুদিন পূর্বেই তারা ফাঁসির জন্য ইচ্ছে জাহির করেছিলেন। তাদের ইচ্ছে পূর্ণ হল; তারা এখন শান্ত।

**

৪

ধর্মীয় দাঙ্গা আর তার সমাধান

"১৯১৯ তে জালিয়নওয়ালাবাগের দুঃখকর ঘটনার পর, ব্রিটিশরা ধর্মীয় দাঙ্গার জন্য উত্তেজিত করার মতন প্রচার শুরু করে দিয়েছিল আর ১৯২৪ এ কোহটে বিশাল দাঙ্গা হয়। এরপর রাষ্ট্রীয় রাজনৈতিক ক্ষেত্রে ধর্মীয় দাঙ্গা সম্বন্ধে অনেক তর্ক-বিতর্ক হয়। কংগ্রেস নেতারা দাঙ্গা বন্ধ করার জন্য হিন্দু-মুসলিম নেতাদের একটা চুক্তি পত্রে হস্তাক্ষর করিয়ে চেষ্টা করেছিল। ভগত সিং এই আলেখটা সেই সম্বন্ধেই লিখেছিলেন যেটা জুন ১৯২৭ এ 'কীর্তি' তে প্রকাশিত হয়েছিল।"

আজ ভারতবর্ষের অবস্থা সত্যিই অত্যন্ত দুঃখজনক। এক ধর্মের অনুযায়ীরা, অন্য ধর্মের অনুযায়ীদের প্রকাশ্যে স্বীকৃত শত্রু হয়ে গেছে। এখন, শুধু একটা ধর্মের অন্তর্গত হওয়াটাই, অন্যের শত্রু হওয়ার যথেষ্ট কারণ হয়ে গেছে। যদি আমরা এটাকে বিশ্বাস না করি, তাহলে লাহোর তাজা হিংস্রতার বিস্ফোরণ দেখুন। কী ভাবে মুসলমানরা নিরীহ হিন্দু আর শিখদের মেরে ফেলছে, আর শিখেরা যখন সুযোগ পেয়েছে তখন আরও খারাপ ভাবে করেছে। এই মারকাট এই জন্য হয়নি যে একজন বিশেষ মানুষ কোন জঘন্য কৃত্য করেছে, বরং সেই মানুষটা হয় হিন্দু বা মুসলিম বা শিখ। সত্যটা এই যে মানুষটা হিন্দু বা শিখ হয় এটা যথেষ্ট কারণ কোন মুসলিমের জন্য তাকে মেরে ফেলার, ঠিক সেইরকমই মুসলিম হলে তার জীবন নেওয়াটা একটা উচিত কারণ হয়ে যায়। যদি এই অবস্থা হয়, তাহলে হিন্দুস্তান কে ভগবানই সাহায্য করতে পারে !

এইরকম পরিস্থিতিতে, হিন্দুস্তানের ভবিষ্যৎ অন্ধকারময় মনে হচ্ছে। 'ধর্মগুলো' দেশকে ধ্বংসস্তূপে পরিণত করছে। আর কোন সূত্র নেই যে জানা যাবে, আর কত দিন ধরে ধর্মীয় দাঙ্গা হিন্দুস্তান কে কষ্ট দেবে। পুরো বিশ্বের সামনে এই দাঙ্গাগুলোর জন্য হিন্দুস্তানের নাম বদনাম হচ্ছে। আর আমরা এও দেখেছি যে কি ভাবে লোকেরা এই অন্ধ বিশ্বাসের ঢেউতে ভেসে যাচ্ছে। খুব কম সংখ্যায় হিন্দু, মুসলিম বা শিখ আছে যারা মাথা ঠান্ডা রেখেছে, বেশির ভাগই একে অন্যকে মারার জন্য লাঠি, তলোয়ার, ছুরি শানাচ্ছে। যারা মৃত্যুর থেকে বেঁচে যাচ্ছে তারা হয় ফাঁসিতে বা জেলে যাচ্ছে। প্রচুর রক্তপাতের পর কেবল যখন ব্রিটিশ সরকার এই ধর্মীয় উন্মাদ জনতাকে নিজের অধীনে এনেছে তখন এদের হুঁশ এসেছে।

এ যাবত আমরা এই সব দাঙ্গার পেছনে সাম্প্রদায়িক নেতা এবং খবরের কাগজের ভূমিকা দেখেছি। আজকাল ভারতীয় নেতারা এত বাজে চরিত্রের পরিচয় দিচ্ছে যা বলার মতন নয়। সেই নেতা যে দেশের দ্বাধীনতার জন্য চ্যালেঞ্জ করেছে, যাদের 'কমন ন্যাশনালিটি' আর 'সেলফ রুল' বলতে এক মুহূর্ত জীভ আটকায়নি …তারা এই অন্ধ বিশ্বাসের সঙ্গে লুকিয়ে তাল মেলাচ্ছে। যারা এসবের থেকে আলাদা থাকছে তাদের সংখ্যা খুবই কম, কিন্তু বেশি গভীরে গেলে দেখবে, যারা ধর্মীয় আন্দোলনে যুক্ত তাদের সংখ্যা অনেক বেশী। হাতে গোনা যায় এমন কিছুই নেতারা আছেন যাঁরা সত্যিই মানুষের কল্যাণ হৃদয় দিয়ে চান। সাম্প্রদায়িকতা একটা এমন বিশাল বন্যার মতন এসে পড়েছে যে তারা এটাকে বাদ দিতে পারছেন না। মনে হচ্ছে ভারতের নেতৃত্ব মারাত্মক দুর্দশাগ্রস্ত হয়ে পড়েছে।

অন্য লোকেরা যারা সাম্প্রদায়িক দাঙ্গা ছড়াতে মুখ্য ভূমিকায় আছে তারা হল খবরের কাগজের লোক। সাংবাদিকতার কাজকে একসময় খুব উঁচু দরের গণ্য করা হত সেটা এখন পুরপুরি নষ্ট হয়ে গেছে। এরা সুস্পষ্ট ভাবে উত্তেজক হেডলাইনেস লেখে আর দাঙ্গার জন্য রসদ যোগায়।

শুধু একটা বা দুট জায়গায় নয় বরং অনেক জায়গায় স্থানীয় খবরের কাগজে আপত্তিকর লেখা ছাপার দরুন দাঙ্গা হয়েছে। খুব কমই লেখকরা বর্তমানে নিজের বোধ-বুদ্ধি ঠিক রেখে ঠান্ডা মাথায় লেখেন।

খবরের কাগজের আসল কাজ হল ধর্মান্ধতার বিরুদ্ধে লোকেদের শিক্ষা দেওয়া, সাম্প্রদায়িক ভাবনাগুলোকে শেষ করা, পারস্পরিক বোঝাপড়াকে উৎসাহ দেওয়া, আর সর্বসাধারণের জন্য ভারতীয় জাতীয়তাবাদ তৈরি করা কিন্তু

ওরা নিজের দায়িত্বকে অন্য মোড় দিয়ে অজ্ঞানতা, পক্ষপাতিত্ব, সংকীর্ণ মনোভাব ছড়াচ্ছে যাতে দাঙ্গা হচ্ছে আর সর্বজনিক স্বাদেশিকতার আগুন নিভে আসছে। এইসব কারণেই আমাদের চোখের জল রক্ত হয়ে পড়ছে আর আজকের পরিস্থিতি দেখে মনে প্রশ্ন উঠছে যে "ভারতবর্ষের কি হাল হবে?"

শ্রেণী সচেনতা একটা তথ্য যেটা লোকেদের একে-অন্যের সঙ্গে লড়াই তে বাধা দিতে পারে। গরিব শ্রমিক আর চাষিদের স্পষ্ট বোঝাতে যে তাদের আসল শত্রু পুঁজিবাদীরা, তাই তাদের সতর্ক থাকতে হবে যাতে ওদের ফাঁদে জড়িয়ে না পড়ে। দুনিয়ার সমস্ত দীন-দরিদ্র মানুষ - তারা যে কোন জাতি, বর্ণ, ধর্ম বা দেশের হোক না কেন, তাদের সমান অধিকার আছে। এটা তোমাদের ভালর জন্য যে ধর্ম, রঙ্গ, জাতি আর দেশের ভেদাভেদ দূর করে, তোমাদের নিজেদের হাতে সরকারের শক্তি তুলে নাও। এই প্রচেষ্টায় তোমাদের কোন ক্ষতি হবে না বরং একদিন তোমাদের শৃঙ্খল ভেঙে পরবে আর তোমরা আর্থিক স্বাতন্ত্র পাবে।

যারা রাশিয়ার ইতিহাস জানেন, তারা এটাও জানেন যে এইরকমের পরিস্থিতি 'জার' এর শাসনে ছিল। অনেক দলেরা ছিল যারা নিজেরা একে-অন্যকে টেনে নামাত কিন্তু যখন থেকে শ্রমিকদের বিপ্লব আরম্ভ হল, জায়গার নকশাই বদলে গেল। ওখানে তারপর দাঙ্গা হয় না। এখন, ওখানে প্রত্যেকে একজন মানুষ আর তারা কোন ধর্মীয় দলের সদস্য হিসেবে গণ্য হয় না, লোকেদের আর্থিক অবস্থা 'জার' এর সময় অত্যন্ত কষ্টকর ছিল যে কারণে দাঙ্গা হত।

কিন্তু এখন রাশিয়নদের আর্থিক অবস্থার অনেক উন্নতি হয়েছে, যখন থেকে ওদের মধ্যে শ্রেণী সচেনতা জাগ্রত হয়েছে, কোন দাঙ্গার খবর আসেনা।

যদিও আমরা সবাই দাঙ্গার মর্মান্তিক খবর শুনতে পাই কিন্তু কোলকাতার দাঙ্গায় কিছুটা ইতিবাচক খবর পাওয়া গেছে। ওখানকার ট্রেড ইয়ুনিয়ন কর্মীরা দাঙ্গায় সহযোগ করেনি আর না তারা নিজেদের মধ্যে মারামারি করেছে ;বরং হিন্দু-মুসলমানরা পরস্পরের সঙ্গে কাজের জায়গায় স্বাভাবিক ব্যবহার করেছে আর দাঙ্গা বন্ধ করার চেষ্টাও করেছে। এটা ওদের শ্রেণী সচেনতার জন্য সম্ভব হয়েছে আর ওরা বুঝতে পেরেছে ওদের শ্রেণীকে কোনটা লাভ দেবে। শ্রেণী সচেনতা, সাম্প্রদায়িক দাঙ্গা থামাবার একটা উপযুক্ত রাস্তা হতে পারে।

আমরা আর একটা সুখবর পেয়েছি যে ভারতীয় যুবকরা এখন সেই ধর্ম থেকে দূরে সরে যাচ্ছে যা ঘৃণা এবং সাম্প্রদায়িক হিংসার পাঠ দেয়। তারা নিজেদের

মতামতে এতদূর অগ্রসর হয়েছে যে তারা লোকেদের হিন্দু, মুসলমান বা শিখ হিসেবে দেখেনা, বরং প্রথমে একটা মানুষ আর তারপর একজন ভারতীয় মনে করে। এই ধরণের চিন্তা ধারা যখন ভারতীয় যুব সম্প্রদায়ে এসেছে, আমি ভবিষ্যতের ভারতে আশার আলো দেখতে পাই। ভারতীয়রা দাঙ্গার খবরে দুঃখী না হয়ে বরং সাম্প্রদায়িক বৈষম্য তৈরি না করার প্রচেষ্টা করুক যেগুলো দাঙ্গা করায়। ১৯১৪-১৫র শহীদরা ধর্ম আর রাজনীতি কে আলাদা ভাবে দেখতেন। তারা বুঝেছিলেন যে ধর্মটা মানুষের নিজস্ব ব্যাপার যেখানে অন্য কারোর হস্তক্ষেপ বাঞ্চনীয় নয়। বরং তারা সবাই সমর্থন করেছিল যে ধর্মকে, রাজনীতিতে ঢোকানো উচিত নয় তাতে সাংগঠনিক ক্ষেত্রে সবাইকে একসাথে কাজ করতে বাধা হয়। এটাই কারণ যে, গদর পার্টির বিপ্লবের সময় লোকেরা একসাথে ছিলেন। সেখানে হিন্দু, মুসলমান, শিখ সবাই বিপ্লবে ফাঁসিতে ঝুলেছিলেন। বর্তমানে কিছু নেতারা আছেন যাঁরা স্বাধীনতা সংগ্রামে একত্র হয়েছেন, আর ধর্ম রাজনীতিকে আলাদা করতে চান। এটা সাম্প্রদায়িক হিংসার অস্থিরতা কে নির্মূল করার সুন্দর উপায়।

যদিও আমাদের ধার্মিক বিশ্বাস আলাদা-আলাদা, যদি আমরা ধর্ম এবং রাজনীতিকে আলাদা করি তাহলে আমরা রাজনীতিতে একসাথে দেশের জন্য দাঁড়াতে পারবো। আমরা আশাকরি যে ভারতের প্রতি যারা সত্যিই সহানুভূতি রাখেন তাঁরা আমাদের সমাধানের ওপর বিবেচনা করবেন আর ভারত কে আত্ম-বিনাশের হাত থেকে বাঁচাতে পারবেন।

**

৫

সাবধান, ও আমলাতন্ত্র

"ডিসেম্বর ১৮, ১৯২৮, মোজাং হাউস ডেন, একটা হাতে লেখা লিফলেট পাওয়া যায় যাতে স্যান্ডার্স হত্যার কারণগুলোর বিবরণ দেওয়া ছিল। ১৮ আর ১৯ তারিখে রাত্রে এর কপি লাহোরের জায়গায় জায়গায় দেয়ালে সাঁটানো ছিল। ভগত সিংহের হাতের লেখার এক কপি লাহোর কন্সপিরেসি কেসের এক্সহিবিট হিসেবে পেশ করা হয়।"

হিন্দুস্তান সোশলিস্ট রিপব্লিকন আর্মি নোটিশ

জে. পি. স্যান্ডর্স মৃত; লালা লাজপত রাইর প্রতিশোধ নেওয়া হল।

এটা কল্পনা করতে ভয়ঙ্কর মনে হচ্ছে যে একটা এত নীচ আর হিংস্র সাধারণ পুলিশ অফিসার জে. পি. স্যান্ডর্সের হাত, একজন বৃদ্ধ, সম্মানিত আর হিন্দুস্তানের ৩০০ মিলিয়ন লোকেদের ভালোবাসার মানুষ কে ছোঁবার সাহস করবে, ওনাকে অপমানিত করবে যেকারণে ওনার মৃত্যু হল। ভারতের যুবকদের পুরুষত্ব ওপরে, ভারতের জাতীয়তার মাথার ওপরে চ্যালেঞ্জ করে একটা ধাক্কা নিক্ষেপ করা হয়েছে। আর সারা বিশ্ব জানুক যে ভারত এখনও বেঁচে আছে; যুবকদের রক্ত পুরোপুরি ঠান্ডা হয়ে যায়নি আর এখনও তারা তাদের জীবনের ঝুঁকি নিতে পারে যদি তাদের দেশের সম্মানের ওপর কোন আঁচ আসে। আর এটা প্রমান হল কিছু অজ্ঞাতদের কাজে যারা নিজেদের লোকেদের দ্বারাই নির্যাতিত, নিন্দিত আর দোষী।

সাবধান, ও স্বৈরাচারীরা; সাবধান

পদদলিত দেশের নিপীড়িতদের অনুভূতিকে আহত কোরো না। এরকম পৈশাচিক কৃত্য করার আগে দুবার ভেবে নেবে, আর আর্মস একট' এর কঠিন পাহারা সত্যেও অস্ত্র চোরা ভাবে আসে, রিভলভর নিয়মিত ভাবে পাচার হয়, হতে পারে তাদের মাত্রা একটা অস্ত্র বিপ্লবের জন্য পর্য্যাপ্ত নয় কিন্তু দেশের অপমানের প্রতিশোধ নিতে যথেষ্ট। নিজেদের লোকেদের কাছ থেকে পাওয়া দোষারোপন আর নিন্দা আর বিদেশী সরকারের নৃশংস দমন আর দণ্ড সত্ত্বেও, যুবকদের একটা দল সব সময় থাকবে যারা উদ্ধত শাসকদের শিক্ষা দেবে। ওঁরা প্রচন্ড সাহসের সঙ্গে বীরদের ঝঞ্ঝার আর দমনের মাঝখানে লং লিভ রিভোল্যুশন! এর পতাকা ওড়াবেন।

"লং লিভ রিভোল্যুশন !"

একজন মানুষের মৃত্যুর জন্য আমরা দুঃখিত। কিন্তু যে মানুষটা মারা গেছে সে একটা নিষ্ঠুর নিম্ন প্রতিষ্ঠানের প্রতিনিধি ছিল তাই তাকে সরানো দরকার ছিল। এই মানুষটার মধ্যে ব্রিটিশ অথরিটির একজন এজেন্ট মারা গেল, এমন একটা স্বৈরাচারী সরকার যার তুলনা বিশ্বে নেই।

একজন মানুষের রক্তক্ষয় জন্য দুঃখিত, কিন্তু বিপ্লবের বেদীতে একজন মানুষের বলিদান সবার জন্য স্বাধীনতা আনবে আর মানুষের দ্বারা মানুষের শোষণ অসম্ভব হবে, এটা অবধারিত।

"লং লিভ রিভোল্যুশন !"

বলরাজ

তাঃ ১৮ ডিসেম্বর, ১৯২৮

৬

শহীদ সুখদেব কে লেখা পত্র

"এই চিঠি সিতা রাম বাজার হাউস দিল্লি থেকে ৫ এপ্রিল ১৯২৯ এ লেখা। চিঠিটা লাহোরে শ্রী শিব বর্মা নিয়ে সুখদেব ক দিয়েছিলেন আর ওনার কাছ থেকে এটা ওনার ১৩ এপ্রিলে এরেস্টের সময় পাওয়া যায়। যায় চিঠিতে ভগত সিংহের একজন বিপ্লবীর জীবনে ভালোবাসা এবং বলিদানের ওনার মতের কি অর্থ সেটা স্পষ্ট হয়।"

প্রিয় ভাই,

যতক্ষন তুমি এই চিঠি পাবে আমি চলে যাবো, আমার ঠিকানা থেকে অনেক দূরে। আমি তোমাকে নিশ্চিত ভাবে বলতে চাই যে আমার সব মধুর স্মৃতি আর এখানকার জীবনের সব আনন্দ ছেড়ে, আমার অনন্ত যাত্রায় যাবার জন্য আমি পুরোপুরি প্রস্তুত। আজ পর্যন্ত একটা জিনিস আমাকে কষ্ট দেয় আর সেটা হল যে আমার ভাই, আমার নিজের ভাই, আমাকে ভুল বুঝছে, আর গম্ভীর দোষারোপন করেছে দুর্বলতার দোষারোপন। আজ আমি তৃপ্ত, আজ আমি অনুভব করছি যে সেটা একটা ভুল বোঝাবুঝি গননা ছাড়া কিছু ছিল না। আমার খোলাখুলি কথা বলার স্বভাব কে আমার বাচালতা আর আমার স্বীকারোক্তিকে আমার দুর্বলতার মনে করা হয়েছে। এখন আমি বুঝতে পারছি যে সেটা বোঝার ভুল,আমি দুর্বল নই, নাই আমাদের মধ্যে কেউ চলে গেলে হবো ভাই। পরিষ্কার হৃদয়ের সঙ্গে বলছি, তুমিও কি স্পষ্ট বুঝছ ? এটা আমার ওপর অনেক দয়া হবে। কিন্তু মনে রাখ তোমাকে কোন তড়িঘড়ি এগিয়ে যেতে হবে না, শান্ত এবং স্থিত ভাবে কাজ করতে হবে। আরম্ভেই কোন ঝুঁকি নিও না।

তোমার জনগণের জন্য কিছু দায়িত্ব আছে, আর সেই কাজটাকে সমানে করতে থাকলেই পুরো হবে। পরামর্শ হিসেবে বলছি, আমার কাছে এস. আর. শাস্ত্রী অনেক বার বলেছেন, ওনাকে নিজেদের আওতায় আনার চেষ্টা কর, যদি উনি আসতে রাজী হন আগের অন্ধকার ভবিষ্যৎ দেখেও ওনাকে মানুষদের মধ্যে মিশতে দাও আর ওদের মনোস্থিতি বুঝতে দাও। যদি উনি সঠিক ভাবে কাজ করতে পারেন, উনি একজন ভাল জজ হতে পারেন, তোমার যেটা ঠিক মনে হয় সেই ভাবে ব্যাপারটা সাজাও। এবার ভাই চল আমরা আনন্দে থাকি।

এর সঙ্গে, আর একটা কথা বলি, যে বিষয়ে বিবেচনা চলছে তাতে আবার কিছু তর্ক দিতে চাই না। আমি শুধু বলতে চাই যে আমার আশার ও ইচ্ছার প্রতি পুর ভরসা আছে আর জীবনের আনন্দের প্রতিও। কিন্তু আমি দরকারের সময় এই সব কিছু ছাড়তে পারি , আর সেটাই আসল ত্যাগ। এগুলো কোন মানুষের জীবনেই বাধা নয় যদি সে একটা সত্যি পুরুষ হয়। তুমি এর সামনাসামনি প্রমান নিকট ভবিষ্যতে পেয়ে যাবে। যখন আমরা কারোর চরিত্র নিয়ে কথা বলছিলাম তুমি আমাকে একটা প্রশ্ন করেছিলে, ভালবাসা কি মানুষ কে কোনো সাহায্য করে। হ্যাঁ, আমি আজ তার উত্তর দিচ্ছি। মেজিনির জন্য এটা ছিল। তুমি নিশ্চই পড়েছো, ওনার প্রথম হার আর সফলতার আকাঙ্খা, ওনাকে ভেঙে দিয়েছিল, উনি সেই মৃত কমরেডদের কষ্ট আর ভয়ানক ধারণাগুলো নিতে পারছিলেন না। উনি হয় পাগল হয়ে যেতেন বা আত্মহত্যা করতেন। কিন্তু উনি যাকে ভালোবাসতেন তার একটা চিঠির জন্য উনি শক্তিশালী হয়ে উঠলেন, হয়ত সবার চেয়ে বেশি। ভালোবাসার নৈতিক স্থিতি দেখতে গেলে আমার এই সম্বন্ধে ধারণা যে এটা কিছুই নয় বরং আবেগ, জন্তুদের মতন আসক্তি নয় বরং মানুষের মতন, এবং এটা মিষ্টিও, ভালোবাসা নিজে কখন জন্তুর আসক্তি হতে পারে না। ভালোবাসা সব মানুষের চরিত্র কে উচ্চতা, ব্যাপকতা দেয়। ওটা মানুষকে নিম্ন স্তরে নামায় না যদি ভালোবাসাটা সত্যিই ভালোবাসা হয়। তুমি এই মেয়েগুলোকে - পাগল লোকেদের, সচরাচর যা আমরা সিনেমায় দেখি প্রেমিক বলতে পারনা। ওদের জান্তব আবেগ থাকে। সত্যিকারের ভালোবাসাকে তৈরি করা যায় না। এটা নিজের মতন আসে, কেউ জানতে পারেনা কখন। এটা অত্যন্ত প্রাকৃতিক। আর আমি এটা বলতে পারি যে একজন যুবক ও যুবতী একে অন্যকে ভালোবাসতে পারে, আর ভালোবাসার সাহায্যে তারা নিজেদের আবেগকে সংযত করতে পারে আর নিজেদের পবিত্রতা রক্ষা করতে পারে।

এখানে আর একটা জিনিষ পরিষ্কার করে বলবো যে যখন আমি বলি যে ভালোবাসা মানুষের দুর্বলতা, আমি সেটা এই অবস্থায় কোন সাধারণ ব্যক্তির কথা বলি না। এটা সবচেয়ে আদর্শ অবস্থা যখন মানুষ এই সমস্ত অনুভূতি, ভালোবাসা, ঘৃণা আর অন্যান্য ব্যাপার থেকে বেরিয়ে আসে, যখন মানুষ নিজের কার্যকলাপের পেছনে একটা কারণকে খালি নির্ধারিত করবে। কিন্তু আজকের সময় এটা খারাপ নয় বরং মানুষের জন্য ভাল এবং উপযোগী। আর তাছাড়া যখন ভালোবাসাকে ভর্ৎসনা করি আমি একজনের সঙ্গে আর একজনের ভালবাসা কে তিরস্কার করি আর সেটাও যখন সে আদর্শ অবস্থায় থাকে। তারপরও মানুষের মধ্যে ভালবাসার সবচেয়ে শক্তিশালী অনুভূতি থাকা উচিত কিন্তু সেটা কেবল একজনের প্রতি না হয়ে বিশ্বজনীন হওয়া উচিত। আমার মনে হয় এবার আমি আমার জায়গাটা পরিষ্কার ভাবে বোঝাতে পেরেছি। আর একটা কথা তোমাকে মনে রাখতে বলছি; আমরা যে সমস্ত যুক্তিবাদের ধারা পছন্দ করি তা সত্ত্বেও আমরা আর্য্য সমাজের নৈতিকতার অতিআদর্শবাদী বিচার ধারা কে মেনে নিতে পারিনা। আমরা যে যুক্তিযুক্ত জিনিষগুলো যেগুলো আমরা মানতে পারি তার বিষয়ে শতমুখে কথা বলি কিন্তু আসল জীবনে কিছু ঘটলেই কাঁপি, ভয় পাই। আমি তোমাকে অনুরোধ করছি এটা দূর কর। আর কোন রকমের ভয় বা ভুলবোঝাবুঝি ছাড়াই আমি তোমাকে অনুরোধ করছি যে তোমার অতিআদর্শের স্তরটা একটু কম কর, তাদের প্রতি বিশেষ করে যারা তোমার পরেও থাকবে আর আমার মত অসুখের শিকার হবে। ওদের বেদনা, কষ্টের ওপর নিজের তিরস্কার চাপিও না। তারা তোমার সহানুভূতি চায়। আমি কি আবার এই কথাগুলো দ্বিতীয়বার বলব, কোন ব্যক্তির প্রতি কোন রকমের রাগ ছাড়া, যে সত্যিই তোমার সহানুভূতি চায় ? কিন্তু তুমি এটা ততক্ষন বুঝতে পারবেনা, যতক্ষণ না তুমি নিজে এর শিকার হও। কিন্তু আমি এতকিছু কেন লিখছি ? আমি তোমার সঙ্গে খোলাখুলি হতে চাইছিলাম। আমি আমার হৃদয় স্পষ্ট বুঝিয়েছি।

তোমাকে জীবনে আনন্দপূর্ণ জীবন এবং সফলতার জন্য শুভকামনা।

তোমার
বী. এস.

**

৭

সেন্ট্রল এসেম্বলি হলে লিফলেট ফেলা

“৮ই এপ্রিল ১৯২৯ এ দুট বিল কার্য্যকারি করার ঘোষণা ভাইসরয় করলেন, যখন কিনা বেশিরভাগ সদস্যরা তার বিরোধ করেছিল, বরং এগুলোকে আগে বাদ দিয়েছিল। ভগত সিংহ আর তার কমরেড বটুকেশ্বর দত্ত সেখানে বম্ব ফেলে, লিফলেট এর প্রতিগুলো ছড়িয়ে দিয়েছিল। ‘ইনকলাব জিন্দাবাদ’ স্লোগনটা ভারতীয় স্বাধীনতার আন্দোলনে সবচেয়ে স্থায়ী স্লোগন হয়ে গিয়েছিল। ভগত সিংহ এবং বটুকেশ্বর দত্ত দুজনেই এই বম্ব ফেলার মামলার সময় ট্রায়ল চলাকালীন এই স্লোগনটাই ১৯২৯ এ আবার বলেছিলেন। লীফলেট এ হস্তাক্ষর ‘বলরাজ’এর নামে ছিল যেটা চন্দ্রশেখর আজাদের উপনাম, কিন্তু এটা ভগত সিংহের লেখা।”

দ হিন্দুস্তান সোশলিস্ট রিপব্লিকান আর্মি নোটিস

“বধিরদের শোনানোর জন্য জোরে কথা বলতে হয়। এই অমর বাক্য যা এইরকম অবস্থায় ফরাসী বীর নৈরাজ্যবাদী শহীদ এর দ্বারা উচ্চারিত হয়েছিল, আমরা আমাদের কৃতকর্ম কে ন্যায়োচিত মনে করি। “

“পুরানো দশ বছরের অপমানজনক ইতিহাস কে আবার না বলে, আমরা বলতে চাই সংশোধনের (মন্টগয়ু চেমস্ফোর্ড সংশোধন) আর তার তথাকথিত পার্লিয়ামেন্ট এ ভারতীয় দেশের ওপর নিক্ষেপ করা অপমান -

আমরা বলতে চাই, যেখানে জনগনেরা কিছু টুকরো সংস্কারের আশা করেছিল সাইমন কমিশন থেকে, আর সারাক্ষন হাড়ের ভাগাভাগি নিয়ে ঝগড়া করেছিল,

সরকার আমাদের ওপর আরও দমনকারী নিয়মগুলো চাপিয়ে দিচ্ছে। যেমন পব্লিক সেফটি বিল, ট্রেড ডিস্পুট বিল, আর প্রেস সেডিশন বিল পরের সেশনের জন্য রেখেছে। বিচারহীন ভাবে শ্রমিক নেতাদের এরেস্ট, যারা খোলা ভাবে কাজ করছে, বোঝা যায় যে হাওয়া স্পষ্ট ভাবে কোন দিকে বইছে।"

"এই উস্কানি দেওয়ার অবস্থায়, পুর গম্ভীরতার সঙ্গে হিন্দুস্তান সোশলিস্ট রিপব্লিকন এসোসিয়েশন তাদের পুর দায়িত্ব নিয়ে ভাবছে,ওরা নিজের সেনা কে আদেশ দিয়েছে কিছু বিশেষ কাজ করার জন্য যাতে এই অপমানকারী প্রহসন বন্ধ হোক আর বিদেশী আমলাতান্ত্রিক শোষণকারীরা যা চাই তা করুক, কিন্তু তাদের জনগণের সামনে পুরোপুরি নগ্ন হয়ে আসতে হবে।"

আমরা চাই যে সব লোকেরা নিজের নির্বাচনী এলাকায় ফিরে যাক, আর লোকেদের আগামী বিপ্লবের জন্য তৈরি করুক। আর সরকার জানুক যেখানে পব্লিক সেফটি আর ট্রেড ডিস্পিউট বিল আর লালা লাজপত রাইর বাজে ভাবে হত্যার বিরোধ করা হচ্ছে। আমরা অসহায় ভারতীয় জনতার দিক থেকে একটা জোরালো শিক্ষা যা ইতিহাসে বেশ কয়বার হয়েছে সেটা দিতে চাই, সেটা হল কোন ব্যক্তি কে খুন করা সহজ কিন্তু কোন মহান বিচারধারা কে খুন করা যায় না। বড়-বড় সাম্রাজ্য ভেঙে পড়ে কিন্তু বিচারধারা বেঁচে থাকে। ব্রেবোনস আর জারেরা পরে গিয়েছে যখন কিনা ক্রান্তি বিজয়ী হয়ে এগিয়ে চলেছে।

আমরা ক্ষমাপ্রার্থী, যারা মানুষের জীবনের পবিত্রতার সঙ্গে লিপ্ত, যারা একটা উজ্জ্বল ভবিষ্যতের স্বপ্ন দেখি যখন মানুষ সম্পূর্ণ শান্তি আর পুর স্বাধীনতা ভোগ করবে, তাদেরকে মানুষের রক্তপাত বাধ্য হয়ে করতে হচ্ছে।

কিন্তু এই মহান বিপ্লবের বেদীতে ব্যক্তির বলিদান সবার জন্য স্বাধীনতা আনবে, মানুষের দ্বারা মানুষের শোষণ সম্ভব হবে না সেটা অবধারিত।

"লং লিভ রেভোলুশন"

বলরাজ

কমান্ডর - ইন - চীফ

**

BOMB OUTRAGE IN AS BLY

TWO YOUTHS WITH REVOLVERS UNDER POLICE ARREST

House Disperses in Panic

SIR G. SCHUSTER, SIR B. DALAL AND OTHER M. L. A.s INJURED

"Red" Warning to Government

"YOU CAN KILL MEN BUT NOT IDEAS"

সেন্ট্রাল এসেম্বলি হলে ভগত সিংহ এবং
বটুকেশ্বর দত্তর এরেস্টের পর খবরের কাগজে হেড লাইন।

লাহোরে থেকে সী. আই . ডি. দ্বারা পাওয়া বম্বশেল।
এটা এসেম্বলি বম্ব কেসে তথ্য হিসেবে পেশ করা হয়েছিল।
(স্রোত - অল ইন্ডিয়া রাউন্ড অপ)

৮

এসেম্বলি বম্ব কেসের সময় সেশন কোর্টে দেওয়া বক্তব্য

“এসেম্বলি বম্ব কেসের সময় ভগত সিংহ এবং বী. কে. দত্তর দেওয়া বক্তব্য। এটা ৬ জুন ১৯২৯ এ ভগত সিংহ আর বী. কে. দত্তর তরফ থেকে শ্রী আসফ আলি কোর্টের সমক্ষে পড়ে শুনিয়েছিলেন।”

আমরা এখানে কিছু গম্ভীর দোষের জন্য অভিযুক্ত হয়ে এসেছি, এবং এই সময় আমাদের আচরণের কারণ আমাদের ব্যাখ্যা করা দরকার।

এই সম্পর্কে। নিম্ন প্রশ্নগুলি ওঠে :

১. বম্বগুলো কি চেম্বরে ছোঁড়া হয়েছিল, যদি তাই, তাহলে কেন ?
২. লোয়র কোর্ট দ্বারা যে অভিযোগগুলো করা হয়েছে, সেইগুলো কি ঠিক না উল্টোটা?

প্রথম প্রশ্নের প্রথম ভাগে আমাদের উত্তরে সম্মতি জানাই, কিন্তু যেহেতু কিছু তথাকথিত সাক্ষী মিথ্যা হলফ করেছে আর যেহেতু আমাদের দায়িত্ব এড়াতে চাই না, আমাদের তাদের বিষয়ে বক্তব্যটা উচিত হিসেবেই দেখা ভাল। একটা উদাহরণ দিয়ে বলতে চাই, সার্জেন্ট টেরীর বক্তব্য যাতে উনি আমাদের একজনের কাছ থেকে রিভলভর পেয়েছেন, এমন কথা বলেছেন যেটা সম্পূর্ণ মিথ্যা, কেননা আমরা যখন ধরা দিলাম আমাদের কাছে রিভলভর ছিলনা।

তাছাড়া আরও সাক্ষীদের মিথ্যে বলতে বাধেনি, যারা বলছে যে তারা

আমাদের বম্ব ছুঁড়তে দেখেছে। এই সত্যতার তাদের জন্য নিজস্ব নৈতিক দিক আছে, যারা ন্যায়বিচারের সততা এবং পবিত্রতার দিকে আঙ্গুল তুলছে। একই সঙ্গে আমরা পব্লিক প্রসিকিউটর এবং ন্যায়বিচারের সততা যুক্ত মনোভাব কে স্বীকার করি।

ভাইসরায়ের দৃষ্টিকোণের অনুমোদন :

প্রথম প্রশ্নের দ্বিতীয় ভাগের উত্তরে আমরা কিছু বিবরণ দিতে বাধ্য হচ্ছি যাতে আমাদের উদ্দেশ্য এবং পরিস্থিতির স্পষ্ট এবং পুরো ব্যাপারটা বোঝা যায় যে আমরা কেন এটা করলাম যা একটা ঐতিহাসিক ঘটনা হয়ে গেল।

যখন জেলে আমাদের একজন পুলিশ অধিকারী দেখা করতে এসে বললেন, দুট হাউসের জয়েন্ট সেশনে লর্ড ইরউইং, এই ঘটনাকে কোন বিশেষ ব্যক্তির ওপর আঘাত নয় বরং একটা সংস্থানে ওপরে আঘাত বলেছেন, আমরা এই ঘটনার সত্যি উদ্দেশ্যের মহত্ব ওরা বুঝেছে , ধরতে পারলাম।

আমরা না অপরাধী কোন জঘন্য আক্রোশের, আর সেইজন্যই মিথ্যা সমাজবাদী দেওয়ানকে দেশের জন্যও অপমান মনে করি, যে ভাবে চমনলাল আমাদের বর্ণনা দিয়েছে, না আমরা পাগল যেমন লাহোরে ট্রাইব্যুনালে আমাদের ভাবা হয়েছে।

কার্যকর বিরোধ :

আমরা বিনম্র ভাবে ইতিহাস এবং আমাদের দেশের পরিস্থিতির আর আশা নিয়ে গম্ভীর ভাবে পড়াশোনার দাবি করছি। আমরা ভণ্ডামি কে ঘৃণা করি। আমাদের কার্য্যকারী বিরোধ সেই সংস্থানের প্রতি যে জন্ম থেকে বিশেষভাবে অর্থহীনতা দেখিয়ে যাচ্ছে কিন্তু তার অনিষ্টকারী শক্তিরও পরিচয় দিচ্ছে।

আমরা যত এটা বুঝতে পারছি যে এর অস্তিত্ব কেবল বিশ্বকে ভারতকে নিম্ন এবং অসহায় দেখানো আর এটা একটা স্বৈরাচারী শাসনের দায়িত্বহীন প্রাধান্যের প্রতীক হয়ে উঠছে, প্রত্যেক সময়, বারবার, জনগণের প্রতিনিধিরা দেশের দাবি জানাচ্ছে কিন্তু কাগজগুলো শুধু ময়লা ফেলার ঝুড়িতে স্থান পাচ্ছে।

প্রতিষ্ঠানের ওপর হামলা :

ইন্ডিয়ন পার্লিয়ামেন্টে হাউস দ্বারা যে আন্তরিক সমাধান পাস হয়েছিল সেটাকে অবমাননার সঙ্গে মাটিতে ফেলে পা দিয়ে দলিত করা হয়েছিল। স্বেচ্ছাচারী এবং অপমানকারী ব্যাপারগুলোকে যা সমাধান সম্বন্ধে ছিল, সেগুলোকে উচ্চ কাজে,

অবজ্ঞার সঙ্গে বাতিল করা হয়েছিল, সরকারের মাপদন্ডে যে প্রস্তাবগুলো কে লেজিসলেচর এর সদস্যরা অস্বীকার করেছিল সেগুলোকে কলমের এক খোঁচায় পুনঃ রাখা হল ! সংক্ষেপে, আমরা একটা প্রতিষ্ঠানের অস্তিত্বর প্রমান করার কোন ন্যায়োচিত কারণ পেলাম না যে প্রতিষ্ঠান বিশাল একটা ভব্য আর সুন্দরভাবে ভারতীয়দের কষ্ট সাধ্য টাকা দিয়ে একটা নিছক ফাঁকা আয়োজন করল আর ক্ষতিকর জিনিষকে বিশ্বাস করালো। ঠিক সেইরকমই আমরা জনগণের নেতাদের মানসিকতা বুঝতে পারলামনা, যারা সরকারকে জনগণের সময় এবং টাকা অপব্যয় করতে পরাধীন অসহায় দেশের জন্য আগের থেকে ভেবে নেওয়া এরকম একটা প্রদর্শনে সাহায্য করেছে।

শ্রমিকদের কোন আশা নেই :

আমরা এই সবই রোমন্থন করেছি আর সঙ্গে লেবর মুভমেন্টের বেশিরভাগ নেতাদের এরেস্ট নিয়েও ভেবেছি। যখন এসেম্বলিতে ট্রেড ডিস্পুট বিল আমাদের সমক্ষে আনা হল, তার অগ্রগতি দেখার জন্য, তার ওপরে তর্ক-বিতর্ক আমাদের বিশ্বাসকে আরও দৃঢ় করল। বুঝলাম যে হাজার-হাজার দেশের শ্রমিকদের এই প্রতিষ্ঠান থেকে কিছুই পাবার নেই। এই প্রতিষ্ঠান যেটা ভীতিজনক প্রাসাদের মত দাঁড়িয়ে, সেটা অসহায় শ্রমিকদের দাসত্ব করাবার জন্য দমনকারীদের।

শেষে আমরা এই অপমানকে, মনুষত্বহীন আর বর্বর ব্যবস্থা বলে মনে করি যা পুরো দেশের প্রমুখ সমর্পিত প্রতিনিধিদের ওপরে চাপানো হয়েছে, আর বুভুক্ষু, সংঘর্ষরত হাজারো মানুষেরা যারা নিজেদের আর্থিক কল্যাণের জন্য একমাত্র উপায় ও প্রাথমিক অধিকার থেকে বঞ্চিত হয়েছে। আমাদের মতন কেউ এই বোবা ক্রিতদাসেদের, শ্রমিকদের অসমতার কথা অনুভব করে না, তাদের সাক্ষী হয় না। এমন কেউ নেই, যাদের এদের কথা ভেবে আন্তরিক কষ্ট হয়, যারা চুপচাপ নিজেদের রক্ত-ঘাম দিয়ে আর্থিক কাঠামো বানিয়েছে, তাদের চাপা চিৎকার আমাদের হৃদয়কে নিংড়ে নির্মম ভাবে আঘাত করে।

"বম্ব দরকার"

সুতরাং, এখানে স্বর্গীয় শ্রী এস. আর. দাস, একসময় যিনি গভর্নর - জেনারেলস এক্সিকিউটিভ কাউন্সেলের সদস্য ছিলেন, তাঁর নিজের ছেলেকে লেখা প্রসিদ্ধ চিঠি মনে করিয়ে দেয়, তিনি লিখেছিলেন : "ইংল্যান্ডকে স্বপ্নের থেকে জাগানোর

জন্য বম্ব জরুরি, "আমরা এসেম্বলি চেম্বরে বম্ব তাদের হয়ে ফেলেছি যাদের হৃদয়বিদারক রোষ দেখাবার আর কোন রাস্তা নেই। এইভাবে আমরা আমাদের বিরোধ প্রদর্শিত করেছি। আমাদের একমাত্র উদ্দেশ্য ছিল "কালাদের শোনানো" আর অবহেলনাকারীদের সময়মত সতর্ক করা। অন্যরাও আমাদের কাজকে এইভাবেই অনুভব করেছে, আর জানালাম ভারতবর্ষের মানবিকতার সমুদ্রে যে স্থিরতা আছে তাতে বড়সড় ঝড় আসছে। আমরা শুধু 'বিপদের -সিগনল' দিয়েছি তাদেরকে, যারা বেপরওয়া ভাবে গম্ভীর বিপদের দিকে এগোচ্ছে। আমরা কাল্পনিক অহিংসার যুগকে শেষ করার ইঙ্গিত দিলাম যার নিরর্থকতা সন্দেহাতিত ভাবে নতুন প্রজন্মের কাছে উঠে আসছে।

আদর্শের বর্ণনা

আমরা কাল্পনিক অহিংসাকে অভিব্যক্ত করেছি। আগের প্যারায় যা বলেছি সেটাকে আরও ভাল বোঝানো দরকার। যখন চাপটা জবরদস্তি চাপানো হয় তখন সেটা 'হিংসা' তাই নৈতিক ভাবে সেটা অবৈধ, কিন্তু সেটা যখন কোন বৈধ কারণে করা হয়, তার একটা নৈতিক বৈধতা থাকে। যখন কাল্পনিক ভাবে, 'এলোন্ডি এলিমিনেশন' হচ্ছে আর দেশে 'মিউ' আন্দোলন চলছে, আমরা সেই প্রভাতে একটা সতকতার বার্তা দিয়েছি যেটা গুরু গোবিন্দ সিং আর শিবাজী, কমাল পাশা আর রিজা খান, ওয়াশিংটন আর গ্যারিব্যালডি, লফায়েত আর লেনিনের মার্গদর্শন ও আদর্শ দ্বারা প্রেরিত।

যেখানে বিদেশী সরকার এবং ভারতীয় পব্লিক নেতা দুজনেই এই আন্দোলনের বিষয়ে চোখ বন্ধ করে আছে, আমরা আমাদের কর্ত্তব্য হিসেবে একটা আওয়াজ করতে চেয়েছি যেটা না শুনে পরা যাবে না।

এতক্ষন আমরা এই ঘটনার পেছনে কারণগুলো নিয়ে চর্চা করেছি। এবার আমরা আমাদের উদ্দেশ্যকে পরিভাষিত করব।

কোন ব্যক্তিগত বিষয় নয়

আমাদের তাদের জন্য কোন ব্যক্তিগত ঈর্ষা বা বিদ্বেষ ছিলনা যারা এসেম্বলিতে অল্প আহত হয়েছে বা উপস্থিত ছিলেন। বরং উল্টো, আমরা বারবার বলছি আমরা মানুষ-জীবন কে ততটাই পবিত্র মনে করি যেটা শব্দে বর্ণনা করা যায় না, এবং মানবতার জন্য নিজেদের জীবন সত্বর দিয়ে দিতে পারি কাউকে

আঘাত করার আগে। ভাড়াটে সিপাইদের মতন নয় যারা সাম্রাজ্যবাদী সেনার কোনো অনুশোচনা ছাড়াই কাউকে মারে, আমরা আমাদের শক্তি দিয়ে মানুষের জীবন রক্ষা করি। তারপরও আমরা স্বীকার করছি যে আমরা বুঝে শুনে এসেম্বলি হল এ বম্ব ফেলেছিলাম। হাজার হোক সত্য আমাদের আসল কথাটা বলবে, আর আমাদের উদ্দেশ্যে, আমাদের করা কাজ দিয়ে বিচার হবে, না কি কাল্পনিক অনুমান-মূলক পরিস্থিতি দেখে।

কিছুই অলৌকিক নয় "

সরকারের বিশেষজ্ঞের প্রমানের পরও, যে বম্বটা এসেম্বলি হলে ফেলা হয়েছিল তা অত্যন্ত কম ক্ষতি করেছে। খালি বেঞ্চ এবং আধ ডজন কেসে কিছু ঘষা লেগেছে, যখন কিনা সরকারের বৈজ্ঞানিক রা আর বিশেষজ্ঞরা এটাকে অলৌকিক বলে বর্ণনা দিয়েছে। আমরা কিন্তু সংক্ষেপে এটাকে বিজ্ঞানের পদ্ধতি হিসেবেই মানছি। প্রথমতঃ বম্ব দুট খোলা জায়গায়, কাঠের আটকের মধ্যে পড়েছে যার বাইরে ডেস্ক আর বেঞ্চগুলো ছিল, দ্বিতীয়তঃ যারা সেখান থেকে দুই ফীট দূরে ছিল যেমন সি. পী. রাউ, মিঃ শঙ্কর রাও আর স্যার জর্জ সুষ্টর তারাও আঘাত পাননি কেবল অল্প বিস্তর ছড়ে গেছে। সরকারের বিষজ্ঞ বম্ব এর বিষয়ে যা বলেছেন (যদিও তার অনুমান, কাল্পনিক ভাবে বাড়িয়ে বলা) বম্ব পোটেশিয়মে ক্লোরাইড এর প্রভাবশালী বিস্ফোটক পিকরেট দিয়ে ভরা ছিল, তাই যদি হয় তাহলে বিস্ফোটে সেগুলো বেরিয়র নষ্ট করে বেশ কিছু য়ার্ড অবধি অনেকের ক্ষতি করতে পারত।

তাছাড়া ওগুলো যদি উচ্চ বিস্ফোটক আর পেলেট বা ডার্ট দিয়ে ভরা থাকত তাহলে লেজিসলেটিভ এসেম্বলির বেশির ভাগ সদস্যদের নিশ্চিহ্ন করে দিত। তারপর আমরা সেগুলোকে অফিসিয়ল বক্সে ছুঁড়তে পারতাম যেখানে অনেক বড় ব্যক্তিরা বসেছিলেন, আর সবশেষে আমরা স্যার জন সাইমন কে অতর্কিত ভাবে আক্রমণ করতে পারতাম, যিনি সেই সময় প্রেসিডেন্ট গ্যালেরীতে বসে ছিলেন, যাঁর দ্বারা দেওয়া লকলেস কমিশনকে বেশিরভাগ দায়িত্ববান প্রতিনিধিরা অপছন্দ করেছে। এই সব কিছুই আমাদের উদ্দেশ্যের বাইরে ছিল, আর বম্বগুলো সেরকম কিছুই করেনি। আর যেটাকে অলৌকিক বলা হচ্ছে, সেটা আসলে সজ্ঞানে সুরক্ষিত জায়গাতেই ফেলা হয়েছিল।

তারপর আমরা নিজেদের কৃত্যের জন্য নিজেরাই দন্ড পেতে ধরা দিয়েছি। তার কারণ ছিল যে সাম্রাজ্যবাদী শোষকরা জানুক যে ব্যক্তিকে মারলেও, বিচারধারাকে মারা যায় না। দুট অমহত্বপূর্ণ ইউনিটকে পিষে ফেললে, দেশকে পিষে মারা সম্ভব নয়।

আমরা ঐতিহাসিক শিক্ষাগুলোর ওপরে জোর দিতে চাই যে লেটর ডি ক্যাচেটস আর ব্যাস্টিলিস ফ্রান্সের বিপ্লব কে দাবাতে পারেনি। ফাঁসি আর সাইবেরিয়ন মাইন্স রাশিয়ার বিপ্লব কে নেভাতে পারেনি। ব্লডি সানডে আর ব্ল্যাক আর ট্যান্স আইরিশ ফ্রিডম আন্দোলন কে মারতে পারেনি।

অর্ডিন্যান্স আর সেফটি বিল কি ভারতের স্বাধীনতার আগুনকে নেভাতে পারবে ? ষড়যন্ত্র করে বা মিথ্যে অভিযোগ আর কারাবাস কি ওই যুবকদের বিপ্লব থেকে আটকাতে পারবে যারা মহত আদর্শকে পছন্দ করে। কিন্তু একটা সময় মতন সাবধান বাণী, যদি উপেক্ষিত না হয়, তাহলে জীবন হানি আর সাধারণ কষ্টগুলো কম করতে সাহায্য করবে।

আমরা এই সতর্কতার দায়িত্ব নিজেদের ওপরে নিলাম আর আমাদের কর্তব্য আমরা করে দিয়েছি।

(লোয়র কোর্টে ভগত সিংহ কে জিজ্ঞেস করা হয়েছিল যে উনি বিপ্লব বলতে কি বোঝাতে চান, তার উত্তরে উনি বলেছিলেন) বিপ্লবে আবশ্যক ভাবে নিশ্চিত বিবাদ বা ব্যক্তিগত প্রতিহিংসার স্থান থাকে না। এটার ধর্ম বন্দুক বা বম্ব নয়। বিপ্লব বলতে আমরা যা বোঝাই সেটা হল বর্তমানে যে ভাবে সব চলছে, অন্যায়ের প্রকাশের ওপর নির্ভর করে সেটা অবশ্যই পরিবর্তিত হওয়া দরকার। উৎপাদক বা শ্রমিকেরা সমাজের প্রমুখ অঙ্গ হওয়া সত্বেও তাদের শ্রমের ফল শোষকরা নিয়ে নিচ্ছে আর তাদেরকে তাদের প্রাথমিক অধিকার থেকে বঞ্চিত করছে। যে কৃষক ফসল ফলাচ্ছে সে তার পরিবারের সঙ্গে না খেয়ে থাকছে, যে বুনকার বিশ্ব বাজারে কাপড়ের আপূর্তি করছে তার নিজের বা তার বাচ্ছাদের শরীর ঢাকার কাপড় নেই, রাজমিস্ত্রি, লোহার, কাঠের মিস্ত্রি যারা বিশাল প্রাসাদ নির্মাণ করছে তারা বস্তিতে পরিত্যাক্ত হয়ে থাকছে। পুঁজিবাদী আর শোষক, সমাজের পরজীবী, হাজার-হাজার নিজেদের খেয়াল খুশিতে অপব্যায় করছে। এই রকমের ভীষণ বৈষম্য আর চাপিয়ে দেওয়া সুযোগের অসমতা একটা বিশৃঙ্খলা সৃষ্টি করবেই। এই সব বেশি দিন চলতে পারেনা, আর স্বাভাবিক যে বর্তমান উৎসবের ভান করা সমাজ জ্বালামুখীর মুখে দাঁড়িয়ে আছে।

সভ্যতার সম্পূর্ণ প্রাসাদ যদি সময় মতন রক্ষা না করা হয় ভেঙ্গে পড়বে। একটা মৌলবাদী পরিবর্তন সেজন্য অত্যন্ত জরুরি আর এটা তাদের কর্ত্তব্য যারা সমাজ কে সমাজবাদী আধারে স্বীকার করে। যতক্ষণ এটা হচ্ছে না, মানুষের দ্বারা মানুষের, দেশের দ্বারা অন্য দেশের শোষণ শেষ হচ্ছে না, বর্তমানে দুঃখ-কষ্ট, গণহত্যা যা মানবতাকে হুমকি দিচ্ছে তাকে কেউ রুখতে পারবে না। যুদ্ধ শেষ করার সমস্ত কথাবার্তা আর বিশ্বে শান্তির যুগের সূচনা সবটাই স্পষ্ট ভণ্ডামি।

বিপ্লব বলতে আমরা বোঝাই যে এমন একটা অবস্থার সমাজের স্থাপনা যে মানবতাকে এরকম ভাবে ভয় দেখাবে না, সেখানে সর্বহারাদের সার্বভৌমিকতা স্বীকৃত হবে। আর বিশ্ব সংঘের উচিত সাম্রাজ্যবাদী যুদ্ধ এবং পুঁজিবাদের বন্ধন থেকে মানবতাকে উদ্ধার করা।

এটাই আমাদের আদর্শ আর এই আদর্শবাদকে আমাদের প্রেরণা করে আমরা একটা স্বচ্ছ ও জোরালো সতর্কতা দিয়েছি।

যদি, কোনরকমে এটা বর্তমান সরকারের দ্বারা উপেক্ষিত হয় আর তারা তাদের অবরোধ, স্বাভাবিক বল যা ক্রমশঃ ফুলে উঠছে, এত বাধা সত্বেও জারি রাখে তাহলে একটা ভীষণ সংঘর্ষ হবেই হবে যেখানে সব বাধাকে ঠেলে পরিপূর্ণ আদর্শ বিপ্লব কে স্থাপিত করার জন্য সর্বহারারা শাসন হাতে নেবে। মনুষ্য জাতির অক্ষয় অধিকার - বিপ্লব। স্বাধীনতা সবার অবিনশ্বর জন্ম অধিকার। শ্রমিকরাই আসলে সমাজকে ধরে রাখে। শ্রমিকদের সার্বভৌমিকতা চরম ভবিষ্যৎ।

এই আদর্শের জন্য, বিশ্বাসের জন্য আমাদেরকে দেওয়া যে কোন কষ্টকে স্বাগত জানাই। বিপ্লবের বেদীতে আমাদের যৌবনকে আমরা ধূপ করে নিয়েছি, এই কারনের থেকে কোন কষ্ট বা বলিদান শ্রেষ্ট নয়। আমরা সন্তুষ্ট, আমরা বিপ্লবের আবির্ভাবের অপেক্ষ্যায় আছি। “লং লিভ রিভোলুশন।”

**

৯

আই. জী. (প্রিজন), পাঞ্জাব কে চিঠি

এটা জেলে থাকার সংঘর্ষের ভূমিকা, এটাই প্রথম লেখা চিঠি ভগত সিংহের, যেটা জেলে বিভিন্ন অভাবের কথা উনি কতৃপক্ষ কে জানিয়ে লিখেছিলেন।

মিয়ানওয়ালী জেল
১৭ জুন ১৯২৯

প্রতি
দ ইন্সপেক্টর - জেনারেল (জেল),
পাঞ্জাব জেলস, লাহোর

ডিয়র স্যার,

আমি অন্যান্য যুবকদের সঙ্গে স্যান্ডর্স শুটিং কেসে এরেস্ট হয়েছি আর অভিযুক্ত হবো কিন্তু তা সত্ত্বেও আমাকে মিয়ানওয়ালী জেলে দিল্লি থেকে স্থানান্তরিত করা হয়েছে। মামলার শুনানি ২৬ শে জুন ১৯২৯ এ আরম্ভ হচ্ছে। আমি একেবারেই এই স্থানান্তরণের ব্যাপারটা বুঝতে পারছি না। যাই হোক না কেন, ন্যায় দাবি করে যে প্রত্যেকটি বিচারাধীন কয়েদিকে সবরকম সুবিধা দেওয়া উচিত যেগুলো ওর মামলায় বিবাদের জন্য ওকে তৈরি করতে সাহায্য করবে। আমি কি করে একজন উকিলকে নিযুক্ত করবো, যখন কি না আমি এখানে? আমার বাবা

কিংবা আত্মীয়দের সঙ্গে সম্পর্ক করাও আমার পক্ষে মুশকিল হচ্ছে। এই জায়গাটা খুবই বিচ্ছিন্ন, রাস্তাও খুব কষ্টকর এবং লাহোর থেকে অনেকটা দূরে, আমি আপনাকে অনুরোধ করছি যে আপনি আমাকে লাহোর সেন্ট্রল জেলে স্থানান্তরিত করার শীঘ্রই আদেশ দিন যাতে আমি আমার মামলার তৈয়ারির জন্য সুযোগ পাই। আমি আশা করি যে এটাকে আপনি প্রাথমিকতার সঙ্গে বিবেচনা করবেন।

ইওরস ট্রুলী

ভগত সিংহ

**

১০

‘লং লিভ রিভোল্যুশন’ স্লোগানের ওপরে

‘মডার্ন রিভিউ’ এর সম্পাদক শ্রী রামানন্দ চ্যাটার্জি, নিজের এডিটোরিয়ল নোটে ‘লংলিভ রিভোল্যুশন’ স্লোগন কে উপহাস করে লিখেছিলেন। ভগত সিংহ তার একটা উত্তর ট্রাইং মেজিস্ট্রেটের হাতে দিয়ে দিয়েছিলেন ‘মডার্ন রিভিউ’ র এডিটর কে পৌঁছে দিতে। ‘দ ট্রিবিউন’ এ সেটা ২৪ ডিসেম্বর ১৯২৯ এ প্রকাশিত হয়েছিল।”

প্রতি

সম্পাদক, মডার্ন রিভিউ

আপনার সম্মানীয় পত্রিকার ডিসেম্বর ১৯২৯ এর সংখ্যায় আপনি ‘লংলিভ রিভোল্যুশন’ এর শীর্ষকে নোট লিখেছিলেন, তাতে আপনি এই বাক্যের অর্থহীনতার প্রতি ইঙ্গিত করেছিলেন। আপনার মতন পুরানো অনুভবী, নামকরা পত্রকার, মহৎ ব্যক্তির উক্তির বিরোধিতা এবং খণ্ডন করা আমাদের দিক থেকে ধৃষ্টতা, কেননা আপনার জন্য প্রত্যেকটি জ্ঞানী ভারতবাসীদের মনে অনেক শ্রদ্ধা। কিন্তু তাও আমাদের মনে হয় এটা আমাদের কর্তব্য যে এই বাক্যে আমরা কি বলতে চেয়েছি তা জানানো, দেশের এই অবস্থায় এই ‘চিৎকারের’ অনেক পব্লিসিটি হয়েছে।

আমরা এই ‘চিৎকার’ এর রচনা করিনি। এই ‘ক্রাই’ রুশিয়ন বিপ্লবের সময়ও ব্যবহার হয়েছে। অপটন সিনক্লেয়র, নামকরা সমাজবাদী লেখক, নিজের এখনই প্রকাশিত গল্পে ‘বোস্টন এন্ড অয়েল’ এ এই ‘চিৎকার’ কিছু নৈরাজ্যবাদী চরিত্রের দ্বারা ব্যবহার করেছেন। এই বাক্য দ্বারা এই অর্থ বেরোয় না যে রক্তক্ষয়ী দ্বন্দ্ব সর্বদা চলুক, বা কোন স্থিরতা কিছুক্ষনের জন্য থাকা উচিত নয়।

এই চিৎকারের তাৎপর্য্য হয়ত ব্যাকরণমতে বা ব্যুৎপত্তির দৃষ্টিতে ন্যায়সংগত নয় , কিন্তু তবুও আমরা এর সঙ্গে জুড়ে থাকা সারাংশের ধারণাকে ছাড়তে পারি না। এই সমস্ত 'চিৎকার' একটা সাধারণ মানে বোধ করায়, যেগুলো কিছুটা কোথা থেকে নেওয়া বা আগে থেকে চলে আসা ধারণা বহন করে। উদাহরণ স্বরূপ, যখন আমরা বলি 'লংলিভ যতীন দাস', আমরা এই অর্থে বলিনা বা বলতে পারি না যে দাস শারীরিক রূপে বেঁচে থাকুন। আমরা যা বলতে চাই যে তার জীবনের মহৎ আদর্শ, অদমিত উর্জা যা দিয়ে ওই মহৎ শহীদ না বলা বেদনাগুলো সহ্য করেছিলেন আর চরম ত্যাগ করেছিলেন, আমরাও যেন তাঁর মত অব্যর্থ সাহসের সঙ্গে নিজেদের আদর্শে এগিয়ে যেতে পারি। এটা সেই মর্ম যেটা আমরা ইঙ্গিত করতে চেয়েছি।

সেইভাবেই,'রিভোল্যুশনের' অর্থ যেন শাব্দিক ভাবে না নেওয়া হয়। এই শব্দের সঙ্গে অনেক অর্থ আর বিশেষত্ব জড়িয়ে আছে , সেটা যারা এটা ব্যবহার করে তাদের নিজেদের অনুসারে তারা এটার সদব্যবহার বা অসদব্যবহার করে। শোষণের স্থাপিত এজেন্সিগুলোর দ্বারা ওরা এটাকে রক্ত মাখা ভয়ঙ্কর অনুভবের ভেলকি মনে করায়। একজন বিপ্লবীর জন্য এটা 'পবিত্র বাক্য।' আমরা দিল্লিতে সেশন জজের সামনে আমাদের বক্তব্যে বিপ্লবকে স্পষ্ট করার চেষ্টা করেছিলাম, যখন এসেম্বলি বম্ব কেসে আমাদের ট্রায়ল চলছিল।

আমরা সেখানে বলেছিলাম যে বিপ্লবের সব সময় রক্তপাত বিবাদ হওয়া আবশ্যক ছিল না। এটা বম্ব বা পিস্তলের কল্ট ছিল না। ওগুলো অনেক সময় কিছু পেতে গেল সাধারণ উপায় ছিল। কোন সন্দেহ নেই যে কিছু-কিছু আন্দোলনে এগুলো প্রধান হয়ে যায়। কিন্তু তারা নয় - এই কারণেই - এগুলো এক আর এক জিনিস বলে গণ্য হয়েছে। একটা বিদ্রোহ সব সময় বিপ্লব হয় না। হতে পারে, সেটা আগে গিয়ে শেষে হয়ত তাই হবে।

যে অর্থে এই বাক্যে বিপ্লব কথাটা ব্যবহার হয়েছে, সেটা আদতে মর্ম, পরিবর্তনের দ্বারা ভালর জন্য চাহিদা। লোকেরা সাধারণতঃ স্থাপিত ব্যাপারের ক্রমে অভস্ত হয়ে যায় আর পরিবর্তনের কথায় কেঁপে ওঠে। এইটা একটা আলসেমির স্পিরিট যেটাকে বিপ্লবী স্পিরিট দিয়ে বদলাতে হবে নইলে অধঃপতন বেড়ে যাবে আর সম্পূর্ণ মানবতা, প্রতিক্রিয়াশীল বলের চাপে বিপথগামী হয়ে উঠবে।

এইরকমের ব্যাপারের স্থিতি মানুষের উন্নতিতে স্থবিরতা আর অসারতা এনে দেয়। বিপ্লবের মর্ম মানবিকতার আত্মার মধ্যে প্রবেশ করা উচিত যাতে প্রতিক্রিয়াশীল বলগুলি শক্তি সঞ্চয় করে মনুষ্যত্বের শাশ্বত এগিয়ে যাওয়াকে রুখতে না পারে। পুরানো নিয়মে পরিবর্তন দরকার, সব সময় এবং সব জায়গায়, নতুনের জন্য জায়গা করে দেওয়া উচিত যাতে সেই 'ভাল' ক্রম বিশ্বকে দুর্নীতিগ্রস্ত না করতে পারে। এটাই এর মানে যে আমরা চিৎকার করে আওয়াজ তুলি 'লংলিভ রিভোল্যুশন'।

আপনার সিন্সিয়রলি
ভগত সিংহ

**

১১

অনশনকারীদের দাবি

"দিল্লি এসেম্বলি বম্ব কেসে, ভগত সিংহ আর বী. কে. দত্ত কে ট্রান্সপোর্টেশন ফর লাইফ এর সেন্টেন্স দেওয়া হয়েছিল৷ শাস্তির পর ওদের মিয়াঁওয়ালী আর লাহোর জেলে স্থানান্তরিত করা হয়৷ ওনারা জেলে রাজনৈতিক বন্দিদের জন্য কিছু ভাল ব্যবস্থা নিয়ে অনশন করেন৷ কিছুদিন পরে, ভগত সিংহ কেও মিয়াঁওয়ালী থেকে লাহোর সেন্ট্রল জেলে পাঠিয়ে দেওয়া হয়৷ এনারা সংযুক্ত ভাবে হোম মেম্বর, ভারত সরকার কে তাদের দাবি জানিয়ে চিঠি দেন৷ এখান থেকেই, রাজনৈতিক বন্দিদের জেলে ভাল ব্যবস্থা চাইবার দাবি নিয়ে লম্বা অবধির লড়াই আরম্ভ হয়৷"

সেন্ট্রাল জেল লাহোর
২৪. ৪. ২৯

আমাদের ভগত সিংহ এবং বি. কে. দত্তকে এসেম্বলি বম্ব কেসে, দিল্লির জন্য ট্রান্সপোর্টেশন ফর লাইফ এর শাস্তি ১৯ এপ্রিল, ১৯২৯ এ দেওয়া হয়েছিল৷ যতদিন আমরা দিল্লি জেলে অনডরট্রায়ল বন্দি হিসেবে ছিলাম, আমরা ওই জেলে খুব ভাল ব্যবহার পেয়েছি৷ মিয়াঁওয়ালী আর লাহোর সেন্ট্রল জেলে তারপর পাঠানো হয়েছে, আমরা একটা আবেদন পত্র উচ্চ কতৃপক্ষকে লিখেছিলাম, যাতে আমরা একটু ভাল খাবার এবং কিছু সুবিধা পাই, এবং তাই জেলের দেওয়া খাবার খাইনি।

আমাদের নিম্নলিখিত দাবি ছিল:

আমরা যারা রাজনৈতিক বন্দী, তাদেরকে অন্ততঃ কিছু ভাল খাবার দেওয়া উচিত আর আমাদের খাবারের স্তর অন্ততঃ ইউরোপিয়ন বন্দিদের মতন (ওদের দেওয়া খাবার নয় বরং খাবারের স্তর একরকম চেয়েছিলাম) হওয়া উচিত।

১. আমাদের কে কোন কঠিন বা অসম্মানজনক কাজ করতে জবরদস্তি না করা হোক।

২. সব রকমের বই, নির্ধারিত বই ছাড়া, সঙ্গে কিছু লেখার জিনিস আমাদের কোন প্রতিবন্ধন ছাড়া রাখার অনুমতি দেওয়া উচিত।

৩. অন্ততঃ একটা স্তরীয় খবরের কাগজ প্রত্যেকটা রাজনৈতিক বন্দিদের পাওয়া উচিত।

৪. রাজনৈতিক বন্দিদের জন্য প্রত্যেকটা জেলে একটা বিশেষ ওয়ার্ড থাকা উচিত, তাতে সেসব জিনিস দেওয়া হোক যা ইউরোপিয়নরা পায়। সব রাজনৈতিক বন্দিদের একসাথে একই ওয়ার্ডে রাখা উচিত।

৫. টয়লেটের আবশ্যক সামগ্রীগুলো দেওয়া উচিত।

৬. পড়ার জন্য ভাল জামাকাপড়।

আমরা আমাদের দাবির বিবরণ উপরে দিয়েছি। সেগুলো নিতান্ত প্রয়োজনীয় দাবি। জেল কতৃপক্ষ আমাদের একদিন জানালেন যে উচ্চ কতৃপক্ষরা আমাদের দাবি মানতে রাজি নন।

তাছাড়া আমাদের যখন জোর করে খাওয়ানো হয ওনারা আমাদের সাথে দুর্ব্যবহার করে, আর ভগত সিংহ তো ১০ই জুন ১৯২৯ এ প্রায়ঃ ১৫ মিনিটের জন্য জ্ঞান হারিয়ে ফেলেছিল যখন ওকে জোর করে খাওয়ানো হচ্ছিল, এগুলোকে আমরা বিনা দেরী করে বন্ধ করার অনুরোধ জানাচ্ছি।

এর সঙ্গেই ইউ. পি. জেল কমিটির, পন্ডিত জগত নারায়ণ আর কে. বী. হাফিজ হিদায়ত হুসেনের দেওয়া সুপারিশগুলো এখানে উল্লেখ করার অনুমতি দিন। তারা রাজনৈতিক বন্দিদের "বেটর ক্লাস প্রিসনর্স" বলে সিফারিশ করেছেন।

আমরা আপনাকে, আপনার সুবিধামতন তাড়াতাড়ি আমাদের দাবিগুলোর ওপর বিবেচনা করতে অনুরোধ করছি।

এখানে 'রাজনৈতিক বন্দি' হিসেবে আমরা তাদের সবাইকে ধরছি যারা স্টেটের বিরুদ্ধে অপরাধ করে শাস্তি পাচ্ছেন, উদাহরণ স্বরূপ ব্যক্তিরা যারা ১৯১৫-১৭ এ লাহোর কন্সপিরেসী কেস, কাকোরী কন্সপিরেসি কেস আর সাধারণ রাষ্ট্রদ্রোহের কেসের অধীনে আছেন।

আপনার

ভগত সিংহ

বী. কে. দত্ত

**

২৯ মে ১৯২৭ লাহোর পুলিশ স্টেশনে ভগত সিংহের প্রথম এরেস্টের ছবি।

১২

পাঞ্জাবের স্টুডেন্টস কনফরেন্স বার্তা

"লাহোরে, ১৯ অক্টোবর ১৯২৯ এ সুভাষ চন্দ্র বোসের প্রেসিডেন্সিতে দ্বিতীয় পাঞ্জাব স্টুডেন্টস কনফরেন্স আয়োজিত হয়েছিল। ভগত সিংহ এতবড় সুযোগটা হাতছাড়া করেননি, আর একটি বার্তা ছাত্রদের পাঠিয়েছিলেন। উনি ছাত্রদের আগ্রহ করেছিলেন যে ওরা সবাই ১৯৩০-৩১ আন্দোলনে মন প্রাণ দিয়ে যোগ দিক আর বিপ্লবের এই বার্তা দেশের কোনায়-কোনায় ছড়িয়ে দিক। এই বার্তাটায় ভগত সিংহের সঙ্গে বি.কে. দত্তই হস্তাক্ষর করেছিলেন। বার্তাটি খোলা সেশনে পড়া হয়। এটা ছাত্রদের মাঝে বিশাল হাততালির সঙ্গে স্বীকৃত হয় এবং 'ভগত সিংহ জিন্দাবাদের' নারার সঙ্গে সবাইকে উৎসাহিত করে।"

কমরেডস,

আজ আমরা ছাত্রদের পিস্তল বা বম্ব নিতে বলতে পারি না। আজ ছাত্ররা তার থেকে অনেক বেশি গুরুত্বপূর্ণ কাজের মুখোমুখি হচ্ছে। আসছে লাহোর সেশনে কংগ্রেস, দেশের স্বাধীনতার জন্য প্রচন্ড তীব্র লড়াই এর ডাক দিচ্ছে। দেশের ইতিহাসে, এই জটিল সময় যুবক সমাজ কে একটা বিরাট ভার বহন করতে হবে। এটা সত্যি যে স্বাধীনতার সংঘর্ষে সামনে থাকার দরুন ছাত্ররা মৃত্যুর মুখোমুখি হয়েছে। ওরা কি এবার, এই সময়ে সেইরকম দৃঢ়তা আর আত্মবিশ্বাস দেখাতে দ্বিধা করবে? যুব সমাজকে বিপ্লবের বার্তা দেশের দূর-দূরান্তে পৌঁছে দিতে হবে। তাদের কে জাগিয়ে তুলতে হবে কোটি-কোটি শিল্প ক্ষেত্রে থাকা বস্তিবাসীদের

আর ভাঙা-চোরা কুটিরে থাকা গ্রামবাসীদের, যাতে আমরা স্বাধীন হতে পারি আর মানুষের দ্বারা মানুষের শোষণ অসম্ভব হয়ে ওঠে। পাঞ্জাব কে রাজনৈতিক দিক থেকে পিছিয়ে পড়া ভাবা হয়, তাও। এটাও একটা যুব সমাজের দায়িত্ব। শহীদ যতীন্দ্র নাথ দাস থেকে প্রেরণা নিয়ে আর দেশের প্রতি অসীম শ্রদ্ধা রেখে, তারা প্রমাণিত করুক যে তারা সংকল্পে অবিচল থেকে স্বাধীনতার এই সংঘর্ষে লড়াই করতে পারে।

**

১৩

লেনিনের মৃত্যু বার্ষিকীতে পাঠান টেলিগ্রাম

"১৯৩০ সালের ২১ জানুয়ারী, লাহোর কন্সপিরেসী কেসে যারা অভিযুক্ত ছিল তারা কোর্টে লাল রং এর স্কার্ফ পরে এসেছিল। যেই ম্যাজিস্ট্রেট নিজের চেয়ারে বসলেন, অভিযুক্তরা একসাথে জোরে স্লোগন দিয়েছিল, "লং লিভ সোশলিস্ট রিভোলুশন", "লং লিভ কমিউনিস্ট ইন্টারন্যাশনল", "লং লিভ পিপল", লেনিনস নেম উইল নেভর ডাই" আর "ডাউন উইথ ইম্পেরিয়লিজম।" তারপর কোর্টে ভগত সিংহ টেলিগ্রামে লেখা কথাগুলো পড়ে শুনিয়েছিলেন আর ম্যাজিস্ট্রেট কে টেলিগ্রামটি থার্ড ইন্টরন্যাশনলে পাঠাতে বলেছিলেন।"

'লেনিনের দিনে' আমরা আমাদের অভিনন্দন তাদের জানাচ্ছি যাঁরা মহান লেনিনের বিচারধারাকে আগে নিয়ে যাচ্ছেন। আমরা রাশিয়ার জন্য ওদের এর ওপরে অন্তর্দৃষ্টির সফলতা কামনা করি। ইন্টরন্যাশনল শ্রমিক শ্রেণীর আন্দোলনে আমরা আমাদের আওয়াজ যোগ করছি। সর্বহারাদের বিজয় নিশ্চিত। পুঁজিবাদ হারবে, সাম্রাজ্যবাদের মৃত্যু হবে।

**

১৪

অনশনকারীদের দাবির পুনরাবৃত্তি

"লাহোর কন্সপিরেসী কেসের বন্দিরা তাদের অনশন সরকারের দিক থেকে আশ্বাসন পাবার পর বন্ধ করেছিল। তাদের বলা হয়েছিল যে ভারত সরকার জেল কমিটির রিপোর্টের ওপর বিবেচনা করছে আর জেল রেফর্মসদের দণ্ডিত করা হবে যদি অনশনে যোগদান করে অনশন বন্ধ হওয়ার পরও, ভারত সরকার, নিজের দীর্ঘসুত্রী মনোভাব চালিয়ে গেল। পাঞ্জাবে আর উ. পী. তে জেলের অনশনকারীদের ওপর অনুশাসনাত্মক একশন নেওয়া হয়েছিল। (এলসীসী কয়েদি দের ছাড়া)। এই ব্যাপারে ভগত সিংহ ভারত সরকার কে চিঠি পাঠিয়েছিলেন। এটা সরকারকে নোটিস এবং শেষ শর্ত মনে করা যায়: অনশন আবার শুরু হবে।"

দ হোম মেম্বর,
ভারত সরকার, দিল্লি,
দ্বারা
দ স্পেশল ম্যাজিস্ট্রেট,
লাহোর কন্সপিরেসি কেস, লাহোর।

স্যার

আমাদের ২০ জানুয়ারী ১৯৩০ এ পাঠান টেলিগ্রামের সন্দর্ভে যেটা নিম্নলিখিত ছিল, আমরা কোনো উত্তর পাইনি।

হোম মেম্বর, ভারত সরকার, দিল্লি, লাহোর কন্সপিরেসী কেসের আর অন্যান্য রাজনৈতিক বন্দিরা ভারত সরকারের আশ্বাসনে অনশন বন্ধ করেছিলাম।

তারা প্রভিনশিয়ল জেল কমিটির রিপোর্ট এর ওপর বিবেচনা করছেন, আশ্বাসন দিয়েছিলেন, অল ইন্ডিয়া গভর্মেন্ট কনকরেন্স শেষ হয়ে গেছে। এখনও কোন কার্য্যকরী কাজ হয়নি। যেহেতু রাজনৈতিক বন্দিদের সঙ্গে শাস্তিমূলক ব্যাবহার এখনও হচ্ছে, আমরা অনুরোধ করছি, আমাদের এক সপ্তাহের মধ্যে সরকারের নির্ণয় জানান। লাহোর কন্সপিরেসী কেস, অন্ডরট্রায়লস।

আমরা এখানে ছোট করে টেলিগ্রামের সারাংশ জানালাম, আমরা বিনীত ভাবে আপনার ধ্যানাকর্ষণ করতে চাইছি যে পাঞ্জাব জেলে যে লাহোর কন্সপিরেসী কেস এবং অন্যান্য রাজনৈতিক বন্দিরা, রাজনৈতিক বন্দিদের সঙ্গে করা ব্যবহারের প্রশ্নে পাঞ্জাব জেল এনকয়ারি কমিটির আস্বাশনে যে খুব কম সময় ব্যাপারগুলো নির্ধারিত হয়ে যাবে, অনশন বন্ধ করি। তারপর মহান শহীদ যতীন দাসের মৃত্যুর পর, স্যার জেমস ক্রেরর, লেজিসলেটিভ এসেম্বলি তে এই কথাগুলিই বলেছিলেন আর আস্বাশন দিয়েছিলেন। তখন বলা হয়েছিল যে রাজনৈতিক বন্দিরা পূর্ণ সহানুভূতি পাবে তাদের ওপর করা ব্যবহারের জন্য, কেননা হৃদয় পরিবর্তন হয়েছে। তাই শুনে দেশের বিভিন্ন জায়গায় যে রাজনৈতিক বন্দিরা আছেন তারা অনশন বন্ধ করেন। এটা এআইসীসী. রিসোল্যুশন পাস্ হয়েছিল কিছু বন্দিদের মর্মান্তিক অবস্থা জানার পর। তারা আশ্বাসন দেন।

তারপর স্থানীয় সরকার তাদের রিপোর্ট জমা করে। সব রাজ্যের ইন্সপেক্টর জেনারেল, প্রিসন কে নিয়ে লখনৌতে অল - ইন্ডিয়া সরকার এর কনফরেন্স হয় যেখানে এই নিয়ে আলোচনা হয় আর এটা দিল্লিতে শেষ হয়। এই অল ইন্ডিয়া কনফরেন্স গত ডিসেম্বর মাসে হয়েছিল। আজ পর্যন্ত অন্তিম সিফারিশে পৌঁছয়নি। এইরকম সরকারের দেরী করার মনোভাব, আমরা, সাধারণ জনতারা ভয় পেতে আরম্ভ করেছি যে এই প্রশ্নগুলিকে কি তাকে রেখে দেওয়া হয়েছে। অনশনকারীদের ওপরে, রাজনৈতিক বন্দিদের ওপরে করা ব্যাবহার, যেগুলো পূর্ণ প্রতিহিংসাত্মক, গত চার মাস ধরে হচ্ছে, আমাদের আশংকা আরও বেড়ে গেছে।

আমাদের পক্ষে তাদের সঙ্গে হওয়া দুর্ব্যবহারের বিষয়ে জানা খুব মুশকিল কিন্তু, তাও যেটুকু খবর জেলের চার দেওয়ালের বাইরে বেরিয়ে আসছে তা জ্বলজ্বলে ঘটনার মতন উদাহরণস্বরূপ যথেষ্ট। আমরা নীচে কয়েকটি ঘটনার বিবরণ দিচ্ছি যা মনে হয় না সরকারের দেওয়া আশ্বাসনের কথা নিশ্চিত করে।

১. শ্রীযুক্ত বী. কে. ব্যানার্জী, দক্ষিনেশ্বর বম্ব কেসের জন্য লাহোর সেন্ট্রল জেলে পাঁচ বছরের কারাদন্ড কাটাচ্ছেন, গত বছর অনশনে যোগ দিয়েছিলেন। এখন

শাস্তি হিসেবে উনি যে কয়দিন অনশন করেছেন, ওনার ছাড়া পাবার সময় থেকে দুই দিন হিসেবে কেটে দেওয়া হয়েছে। সাধারণ ভাবে ওনার ডিসেম্বরে ছাড়া পাবার কথা কিন্তু সেটা চার মাস পরে হবে। ওই জেলেই একই রকমের শাস্তি সত্তর বছরের বুড়ো বাবা সোহন সিংহের সঙ্গে হয়েছে, যিনি প্রথম লাহোর কন্সপিরেসী কেসে লাইফ ট্রান্সপোর্টেশনের শাস্তি ভোগ করছেন। এছাড়া অন্যান্যরা সর্দার গোপাল সিং, যিনি মিয়াঁওয়ালী জেলে আছেন, মাস্টর মোটা সিং, রাওয়ালপিন্ডি জেলে আছেন তাদেরকেও অনশনে প্রতিভাগি হিসেবে ভোগ করতে হচ্ছে। বেশির ভাগ ক্ষেত্রেই ওনাদের কয়েদের সময় বাড়ানো হয়েছে,আর কিছুদের স্পেশল ক্লাস থেকে সরিয়ে দেওয়া হয়েছে।

২. এইরকমই দোষের জন্য, মানে সাধারণ অনশনে ভাগীদারীর জন্য, শ্রী শচীন্দ্রনাথ সান্যাল, রাম কিষণ ক্ষত্রী, আর সুরেশ চন্দ্র ভট্টাচার্য যারা আগ্রা জেলে আছেন, রাজকুমার সিনহা, সচীন্দ্র নাথ বকিশ, মন্মথনাথ গুপ্ত আরও অনেক কাকোরি কেসের দোষীরা ভীষণ ভাবে শাস্তি পাচ্ছেন। খুব প্রামানিক সোর্সে জানা গেছে যে শ্রী সান্যাল কে বার্ফেটর আর একলা সেলে বন্দি করে রাখা হয়েছে আর তাঁর জন্য তাঁর শরীর খারাপ হয়েছে। তাঁর ওজন ১৮ পাউন্ড কমে গেছে।

শ্রী ভট্টাচার্য্য ট্যুবরকোলোসিস এর রুগী। বরেলি জেলে বন্দি আরও তিনজনকে শাস্তি দেওয়া হয়েছে। জানা গিয়েছে যে তারা যে সুবিধা পাচ্ছিল তা কেড়ে নেওয়া হয়েছে। এমন কি তাদের সঙ্গে যারা দেখা করতে আসছেন তাদের সঙ্গে কথা বলার অধিকারও বাজেয়াপ্ত করা হয়েছে। তাদেরও ওজন অনেকটাই কমে গেছে। এই বিষয়ে পন্ডিত জওয়াহর লালের দুটো স্টেটমেন্ট প্রেসে ১৯২৯ সেপ্টেম্বর আর ১৯৩০ জানুয়ারী তে জারি করা হয়েছিল।

৩. এআইসীসী তে অনশন নিয়ে যে রেজোল্যুশন পাস হয়েছিল তার কপি বিভিন্ন রাজনৈতিক বন্দিদের পাঠানো হয়েছিল। সেগুলো জেল কতৃপক্ষ দ্বারা আটকে দেওয়া হয়েছে, তাছাড়া কংগ্রেস প্রতিনিধিদের বন্দিদের সঙ্গে এবিষয়ে দেখা করতে সরকার নিষেধ করেছে।

৪. লাহোর কন্সপিরেসী কেসের অন্ডরট্রায়লদের ওপরে ২৩ আর ২৪ অক্টোবরে নৃশংস ভাবে উচ্চ পুলিশ অধিকারীদের নির্দেশে অত্যাচার করা হয়েছে। প্রেসে পুরো বিবরন বেরিয়েছে। আমাদের মধ্যে একজনের বয়ান যা স্পেশল ম্যাজিস্ট্রেট পণ্ডিত শ্রী কিষনের দ্বারা রেকর্ড করা হয়েছিল, সেটার একটা

কপি আপনাকে জানানোর জন্য ১৬ই ডিসেম্বর ১৯২৯ পাঠানো হয়েছে। আমাদের এই বিষয়ে তদন্ত করার অনুরোধের বার্তার, না পাঞ্জাব সরকার, না ভারত সরকার স্বীকারোক্তি পর্যন্ত পাঠাবার দরকার মনে করেনি। এখানে স্থানীয় সরকার এটাকে অপরিহার্য্য মনে করছে যে এই সম্বন্ধে আমাদের নালিসের ওপর আমাদের সহিংস প্রতিরোধ করা তাদের দরকার।

৫. গত সপ্তাহে ১৯২৯ ডিসেম্বরে শ্রীযুক্ত কিষন চন্দ্র দাস আরও আঠ জন কে লাহোর বোরস্টল জেল থেকে ম্যাজিস্ট্রেটের কোর্টে নিয়ে যাবার সময় হাথকড়ি দিয়ে নিয়ে যাওয়া হয়েছিল যেটা পাঞ্জাব জেল এনকোয়রী কমিটির সর্বসম্মত সিফারিশের আর ইন্সপেক্টর জেনারেল অফ প্রিজন, পাঞ্জাব কে দেওয়া চুক্তি ভঙ্গ। এটাও মনে রাখতে হবে যে বন্দিরা অন্ডরট্রায়ল ছিলেন, এটা বেলেবল অফেন্সে বদলে দেওয়া হয়েছিল।

এই বিষয়ে আগ্রার ডাঃ মোহম্মদ অসলম, লালা দুনি চন্দ আর অম্বালা থেকে লালা দুনি চন্দের স্টেটমেন্ট ট্রিবিয়ুনে প্রকাশিত হয়েছে ।

যখন আমরা রাজনৈতিক বন্দিদের এই সমস্ত কষ্টের কথা জানতে পারলাম, আমরা আমাদের অনশন পুনরায় শুরু করার থেকে নিরস্ত হয়েছি, যদিও আমরা এসবে অত্যন্ত্য দুঃখিত কেননা আমরা ভেবেছিলাম এই বিষয়টা খুব তাড়াতাড়ি নির্ণয়ে পৌঁছে যাবে, কিন্তু এই সমস্ত ঘটনার আলোকে আমাদের বিশ্বাস করতে হচ্ছে যে অনশনকারী দের এত যন্ত্রনা আর যতিন দাসের বলিদান কি বৃথাই যাবে? তাহলে আমরা কি ভেবে নেবো যে সরকার জনগণের মধ্যে রোষের বাড়বাড়ন্ত দেখে, কঠিন পরিস্থিতি কে এড়িয়ে যাবার জন্য আস্বাশন দিয়েছিল? আপনি আমাদের সঙ্গে নিশ্চই একমত হবেন যে আমরা যথেষ্ট ধৈর্যের সঙ্গে অনেকটা সময় অপেক্ষা করেছি। কিন্তু আমরা অনিশ্চতার মধ্যে আর ধৈর্য্য রাখতে পারছি না। সরকারের দীর্ঘসূত্রি মনোভাব আর রাজনৈতিক বন্দিদের প্রতি প্রতিহিংসাত্মক ব্যবহার, আমাদের কাছে আবার থেকে লড়াই ছাড়া কোন উপায় রাখেনি। আমরা এটাও বুঝি যে অনশন করে সেটাকে জারি রাখা খুব সহজ কাজ নয়। কিন্তু এখানে আমরা এটাও বলতে চাই যে ভারত যতিন বা ওয়াগিয়াস, রনরক্ষক আর ভাণ সিং (পরের দুজন ১৯১৭ এ আন্দামানে প্রাণত্যাগ করেন, প্রথম জন ৬৩দিনের অনশনের পর, আর দ্বিতীয় জন ছয়মাস ধরে অমানবিক অত্যাচার সহ্য করে) এর মতন অনেক বলিদানী তৈরি করতে পারে।

আমরা অনেক কিছু বলে নিয়েছি, আর জনগণ (তদন্ত কমিটি) রাজনৈতিক বন্দিদের ভাল ব্যবস্থার জন্য ন্যায্যতার যে সব সিফারিশ করেছেন, সেগুলো আবার থেকে বলার কোন মানে হয় না। এখানে আমরা শ্রেণীবিভাগের বিষয়ে উদ্দ্যেশ্যতা অন্তর্ভুক্ত করতে চাই যেটা মুখ্য আধার এবং সবচেয়ে গুরুত্বপূর্ণ। শ্রেণী বিভাগের ওপরে অনেক হো-হল্লা হয়েছে। আমরা দেখলাম তাতে উদ্দ্যেশ্যটাকে বাদ দেওয়া হয়েছে। সবই প্রভিন্সিয়ল সরকারের দিক থেকে যেটা সত্যিই অস্বাভাবিক মনোভাব।

শুধু উদ্দ্যেশ্যের দ্বারাই কোন কাজের আসল মূল্য বোঝা যায়, আমরা কি এটা বুঝবো যে একজন ডাকাত, ডাকাতী করে আর শিকার করে মেরে ফেলে আর অন্যদিকে খড়্গ বাহাদুর যে দুর্জন কে মেরে একটি যুবতীর সম্মান রক্ষা করে সমাজকে এই জাতীয় লম্পটদের থেকে মুক্ত করে, সরকার এদের মধ্যের পার্থক্য বুঝতে পারছে না? দুজন মানুষকের কি একই শ্রেণীতে রেখে সমান ব্যবহার করা হবে? এদের মধ্যে কি কোন পার্থক্য নেই যারা একই অপরাধ করেছে, একজন স্বার্থের জন্য করেছে একজন স্বার্থহীন ভাবে করেছে? ঠিক এইভাবেই একজন সাধারণ হত্যাকারী আর রাজনৈতিক কার্য্যকর্তার মধ্যে কোন অন্তর নেই যদিও দ্বিতীয়জন কখনও হিংসাকে অবলম্বন করেনি? তার নিস্বার্থভাব কি তাকে সাধারণ অপরাধী থেকে একটু উচ্চ স্থান দেয় না? এই রকম পরিস্থিতিতে আমাদের মনে হয় শ্রেণীবিভাগের সময় উদ্দ্যেশ্যটাকে একটা প্রমুখ মানদণ্ড হিসেবে রাখা উচিত।

গত বছর, আমাদের অনশনের আরম্ভে যখন জনগণের নেতারা যাদের মধ্যে ডাঃ গোপীচাঁদ আর লালা দুনি চাঁদ অম্বালা থেকে এসেছিলেন, লালা দুনি চাঁদ পাঞ্জাব এনকোয়রি কমিটির একজন সদস্য, তাঁরা এই বিষয়ে আমাদের সঙ্গে আলোচনা করতে এসেছিলেন, আর বলেছিলেন যে রাজনৈতিক বন্দিরা হিংসাত্মক কাজের দোষী তাদের স্পেশল ক্লাস বন্দি হিসেবে ধরা যাবে তখন আপোশ করার জন্য আমরা এতে স্বীকৃতি দেই , যারা হত্যা করেছে তাদের থেকে আলাদা হবার জন্য। কিন্তু পরে এই আলোচনা একটা অন্য ধাঁচে চলে যায়, এই সন্দর্ভে পাঞ্জাব জেল এনকোয়ারি কমিটির সঙ্গে যোগাযোগে জানলাম যে উদ্দ্যেশ্যটাকে পুরোপুরি শ্রেণীবিভাগ থেকে সরিয়ে দেওয়া হয়েছে আর শ্রেণী বিভাগ মাত্র দুট জিনিসের ওপর নির্ভর করছে :

১. অপরাধের স্বভাব, আর,

২. অপরাধীর সামাজিক স্তর।

এই মানদণ্ডগুলি, সমস্যার সমাধানের জায়গায় ব্যাপারটাকে বেশি জটিল বানিয়ে দিয়েছে।

আমরা রাজনৈতিক বন্দিদের মধ্যে দুট শ্রেণী বুঝতে পারি, তারা অহিংস অপরাধ করেছে এবং তারা যারা সহিংস অপরাধে দণ্ডিত হয়েছে। কিন্তু তারপরই মাথায় পাঞ্জাব জেল ইনকোয়ারি কমিটির রিপোর্টার ওপর প্রশ্ন আসে যে সামাজিক স্তরটা কি? এখানে চৌধুরী অফজল হকের, বলা কথা মনে পরে, তিনি রিপোর্টে বিরোধিতা করে বলেছিলেন যে ওই রাজনৈতিক কার্য্যকর্তাদের কি যারা স্বাধীনতার জন্য ভিখারি হয়ে গিয়েছে? তাদেরকে কি ম্যাজিস্ট্রেটের দয়ায় ছেড়ে দেওয়া হবে যাঁরা সবাইকে একই শ্রেণীতে আনতে পারলে নিজেদেরকে সুবিধা প্রাপ্ত শ্রেণীতে এবং ইমান্দারি দেখাবার জন্য সবাইকে একই সাধারণ অপরাধী হিসেবে ভাববেন? বা এটা কি ভাবা যায় যে অসহোযোগদারীরা তাদের সামনে হাতপাতবে যাদের বিরুদ্ধে তারা বিরোধী হিসেবে লড়ছে, জেলে ভাল ব্যবহারের জন্য ? এটা কি অসন্তোষজনক পরিস্থিতি থেকে বেরোনোর রাস্তা ? এটা কি অসন্তুষ্টির কারণ দূর করা বা সেটা বাড়ানো ? এটা তর্ক দেওয়া যায় যে যারা জেলের আছেন তাদের আরামদায়ক জীবন আশা করা উচিত নয়, যখন তারা দণ্ডিত৷ কিন্তু আমাদের দাবি কি আরামদায়ক ? এগুলো কি জীবনের জন্য নগ্ন সত্য নয় ? সব সুবিধা দেবার পরও জেল জেলই থাকবে, জেল কখনও কোন সাধারণ মানুষের জন্য চুম্বকিয় আকর্ষণ হতে পারেনা৷ কোন মানুষই শুধু জেলে আসার জন্য অপরাধ করতে যাবে না। তাছাড়া এটা একটা ঝুঁকি নেওয়া হবে সরকারের দিক থেকে যদি এই তর্ক দেওয়া হয়, তার মানে তাদের নাগরিকরা এত চরম দারিদ্রে আছে যে তার স্তর জেলের থেকেও নিম্ন? এইরকম কথা সরকারের অস্তিত্বের অধিকারের ওপর কুঠারাঘাত নয় কি ? যাই হোক, আমরা বর্তমানে তা নিয়ে ভাবছি না। আমরা বলতে চাইছি যে এই অসন্তোষ কে মেটাবার একটাই উপায় আছে সেটা হল রাজনৈতিক বন্দিদের একটা আলাদা শ্রেণীতে রাখা হোক যেটা পরে দরকার পড়লে দুট শ্রেণীতে ভাগ করা যাবে - একটা যাতে বন্দিরা অহিংসাত্মক অপরাধ করেছেন আর আরেকটা যারা হিংসার আশ্রয় নিয়েছিলেন।

এই ভাবে উদ্দেশ্যটা নির্ণায়ক একটা মানদণ্ডে হয়ে যাবে৷ বলা যায়, যে রাজনৈতিক কেসে উদ্দেশ্য স্থির করা একটা অসত্য বক্তব্য, তাহলে জেল কতৃপক্ষ কেন রাজনৈতিকদের সাধারণ সুবিধা টুকু দিচ্ছে না। সেটা কি যে তাদের স্পেশল

গ্রেড বা নম্বরদারী পর্যন্ত দেওয়া হচ্ছে না? ওদেরকে অন্যান্য অপরাধীদের থেকে আলাদা কেন করা হচ্ছে? এই ব্যাপারগুলোই শ্রেণীবিভাগে সাহায্য করবে।

আর যা বিশেষ দাবিগুলো আছে তার জন্য আমরা পাঞ্জাব জেল এনকোয়ারি কমিটি কে সব কিছু জানিয়ে মেমোরন্ডম দিয়েছি। আমরা বিশেষ করে জোর দিতে চাই যে কোন রাজনৈতিক বন্দীকর, সে যাই অপরাধ করে থাকুক না কেন, এমন কোন অসম্মানজনক বা কঠিন শ্রমের কাজ না দেওয়া হোক যার জন্য সে অযোগ্য। সবাইকে জেলে একটা ওয়ার্ডে একসাথে রাখা হোক। অন্ততঃ একটা স্তরীয় খবরের কাগজ হিন্দী বা ইংরেজিতে তাদের দেওয়া হোক। পড়ার জন্য সবরকমের সুবিধা, ব্যবস্থা করা হোক। সব শেষে তাদের নিজস্ব সোর্সের দ্বারা তারা জামা কাপড় বা খাবারের অভাব পুরো করতে চায় তো সেই খর্চা গুলোর জন্য অনুমতি দেওয়া হোক।আমরা আশা করব যে সরকার আমাদের কাছে আর জনগণের কাছে যা অঙ্গীকার করেছিল তা কোনরকম দেরি না করে পুরো করবে যাতে আবার থেকে অনশন শুরু করার দরকার না পড়ে। এই সাত দিনের মধ্যে যদি আমরা সরকারের দিক থেকে নিশ্চিত কোন উদ্যোগ না দেখি তাহলে আমাদের বাধ্য হয়ে আবার অনশন আরম্ভ করতে হবে।

আপনার, ইটিসি
ভগত সিংহ, দত্ত আর অন্যান্যরা
দিন - ২৮ জানুয়ারী, ১৯৩০
আন্ডরট্রায়াল লাহোর কন্সপিরেসী কেস।

**

১৫

কোর্টে অনুপস্থিত থাকার কারণ

"লাহোর কন্সপিরেসী কেসের বন্দিরা দ্বিতীয়বার অনশন একুশ দিনের পর বন্ধ করে দিয়েছিল কেননা সরকার তাদের আশ্বাসন দিয়েছিল, কিন্তু তারপরও অনেক ব্যাপার আর নালিশ ছিল যা ম্যাজিস্ট্রেট শোনেনি। তাই দোষীরা কোর্টে হাজিরা দেবার জন্য না করেছিল। সিভিল আর মিলিটরী গেজেটে ওদের ওপর কোর্ট কে বয়কট করার দোষারোপন করা হয়েছিল, এটা ভুল। ভগত সিংহ তার প্রতিবাদ করে কোর্টে অনুপস্থিতির কারণ বর্ণনা করেন।"

মিস্টার ম্যাজিস্ট্রেট,

সিভিল আর মিলিটরী গেজেটে ৪ ফেব্রুয়ারী ১৯৩০ এ আপনার আদেশ পড়ার পর, আমাদের মনে হয়েছে যে কোর্টে না যাবার আসল কারণ আপনাকে জানানো দরকার।

এটা একেবারে ভুল যে আমরা ব্রিটিশ সরকারের কোর্ট বয়কট করেছি। আজকে আমরা সেক্সন ২২, জেল এক্টের অন্তর্গত আমাদের বিরোধে যে কেস জারি হয়েছে সেটার জন্য মিঃ লুইস , যিনি এটা শুনবেন, তাতে যাচ্ছি। আমরা আমাদের বেল আবেদন পত্রে আমাদের সমস্যা এবং অসুবিধাগুলি আপনার সামনে রেখেছিলাম, কিন্তু সেগুলো এখন বিবেচনাহীন হয়ে রয়েছে।

আমাদের কমরেডরা দেশের বিভিন্ন কোনায় এবং অনেক দূরে আছেন। সেক্ষেত্রে তাদের শুভাকাঙ্ক্ষী এবং সমবেদনা জানবার লোকেদের সঙ্গে দেখা

করার সুবিধা দেওয়া উচিত। শ্রী বী. কে. দত্ত, মিস লজ্জাবতীর সঙ্গে দেখা করতে এবং শ্রী কমল নাথ তেওয়ারী কিছু ব্যক্তিদের সঙ্গে দেখা করতে আবেদন করেছিল যারা তার সম্বন্ধী বা উকিল নন। তাদেরকে অনুমতি পত্র পাওয়ার পরও দেখা করতে দেওয়া হয়নি। এটা স্পষ্ট হয়ে যায় যে যারা অন্ডরট্রায়লস তাদেরকে সুরক্ষার জন্য কোন সুবিধা দেয়া যাচ্ছে না। তবু তাই নয় কমরেড ক্রান্তি কুমার যিনি আমাদের সুরক্ষা কমিটির জন্য অনেক কাজ করেছে এবং আমাদের রোজকার প্রয়োজনীয় জিনিস সরবরাহ করছেন, তাকে চালাকি করে গড়া চার্জে বন্দি করা হয়েছে। আমরা জানতে পেরেছি যে তার বিরুদ্ধে 'সসের' মধ্যে বুলেট নিয়ে আসার কৃত্য সেক্সন ১২৪, গুরুদাসপুরে হয়েছে, যেটা লাহোর থেকে অনেকটা দূরে। ওনার বিরুদ্ধে কিছুই প্রমাণিত হয়নি।

আমি নিজে আমার জন্য, সবসময়ের জন্য একজন উকিল রাখতে পারছি না, তাই আমি চাই যে আমার বিশ্বাসযোগ্য বন্ধুরা কোর্টের কাজ দেখার জন্য সেখানে উপস্থিত থাকুন। কিন্তু তাদের নিষেধ করা হয়েছে বিনা কোন স্পষ্ট কারণ দেখিয়েই, আর একমাত্র লালা অমরদাস, এডভোকেট কে একটা বসার জায়গা দেওয়া হয়েছে।

আমরা ন্যায়ের নামে এইরকম নাটক কখনও পছন্দ করতে পারিনা, আমরা খবরের কাগজ পাইনা। অন্ডরট্রায়ল বন্দিদের দোষীদের মতন ব্যবহার পাওয়া উচিত নয়। আমরা তাদের জন্যও একটা খবরের কাগজ চাই যারা ইংরেজি পড়তে পারে না। তাই আমরা ইংরেজি ট্রিবিয়ুনকেও ফেরত পাঠাচ্ছি। আমরা ৩০ জানুয়ারি, ১৯৩০ এ কোর্টকে এই সব কারণের জন্য বয়কট করেছি। আমরা আবার কোর্টের কার্যে যোগ দেব যখন এই সব অসুবিধাগুলি শেষ হবে।

আপনার

ইত্যাদি, ইত্যাদি .

**

১৬

লাহোর হাই কোর্ট বেঞ্চের সামনে দেওয়া স্টেটমেন্ট

"এই চমৎকারী স্টেটমেন্টের দ্বারা ভগত সিংহ সেশন কোর্টের বিচারের ভিত্তিকেই ধ্বংস করে ছিলেন এবং উদ্দেশ্যর মাহাত্মর ওপর জোর দিয়েছিলেন। কাজের উদ্দেশ্যে, প্রমুখ বিবেচনা হওয়া উচিত যখন দোষীর অপরাধের বিচার করা হচ্ছে এটাই তার মুখ্য তর্ক ছিল।"

মাই লর্ডস,

আমরা না উকিল না ইংরেজি ভাষার মাস্টর, না আমাদের কাছে কোন ডিগ্রি আছে। তাই, আমাদের কাছ থেকে কোন বক্তিৃতা আশা করবেন না। আমরা, তাই প্রার্থনা করি যে আমাদের স্টেটমেন্টে ভাষার ভুলগুলো না দেখে তার ভেতরকার সার তত্বটা বোঝার চেষ্টা করবেন।

বাকি বিন্দুগুলোকে আমাদের উকিলের ওপর ছেড়ে দিয়ে আমি শুধু একটা বিন্দু নিয়ে চর্চা করব। এই ব্যাপারটা আমাদের কেসের জন্য খুব গুরুত্বপূর্ণ। সেটা হল আমাদের উদ্দেশ্য কি ছিল আর আমরা কতদূর দোষী। প্রশ্নটা খুবই জটিল এবং আপনাদের কাছে কেউ এটা বর্ণনা করতে পারবে না যে আমরা কিসের প্রেরণায় এইরকম ভেবেছি আর কাজটাকে সেইভাবে সম্পন্ন করেছি। আমরা চাই যে আমাদের উদ্দেশ্য আর দোষের মূল্যায়নের সময় এটাকে মনে রাখা উচিত।

প্রসিদ্ধ বিচারক সলোমনের অনুসারে, কাউকে তার অপরাদের জন্য শাস্তি দেওয়া উচিত নয় যদি তার উদ্দেশ্য আইনের বিরুদ্ধে না যায়।

আমরা সেশন কোর্টে আমাদের লিখিত স্টেটমেন্ট জমা করেছি৷ সেটাতে আমাদের লক্ষ্য এবং উদ্দেশ্য দুটই বর্ণনা করা হয়েছে৷ কিন্তু বিজ্ঞ জজ সেটা কলমের এক খোঁচায় নাকচ করে দিয়েছেন, বলেছেন, “সাধারণতঃ আইনের ব্যবস্থা, কি ভাবে বা কেন কেউ অপরাধ করেছে তার দ্বারা প্রভাবিত হয় না৷” এই দেশে অপরাধের লক্ষর বিষয়ে আইনি ভাষ্যতে খুব কমই লেখা আছে৷

মাই লর্ডস, আমাদের যুক্তি হল যে এই পরিস্থিতিতে অভিজ্ঞ জজকে হয় আমাদের কাজের পরিনাম কিংবা আমাদের স্টেটমেন্টে দেওয়া মনস্তাতিক আধারগুলোর ওপর নির্ভর করে বিচার করা উচিত ছিল৷ কিন্তু উনি দুটোর মধ্যে কোনটাকেই বিবেচনা করে দেখেননি৷

যে বিন্দুর ওপর বিবেচনা করা উচিত ছিল যে বম্ব দুটই, যেগুলো আমরা ছুঁড়েছিলাম, কোন ব্যক্তিকে শারীরিক বা আর্থিকভাবে ক্ষতিগ্রস্ত করেনি৷ তাই যা শাস্তি আমাদের দেওয়া হয়েছে, সেটা শুধু কঠোরই নয়, প্রতিহিংসাত্মকও৷ তারপর তার উদ্দেশ্য, তার মানসিক অবস্থা জানা দরকার, আর উদ্দেশ্যের বিবেচনা ছাড়া কোর্টে ন্যায় পাওয়া যায় না৷ যদি আমরা উদ্দেশ্যটা কে উপেক্ষা করি, তাহলে সবেতেই একটা সাধারণ কথা এসে যায়, হত্যাকারী; রেভেনয়ু অধিকারী কে চোর বা ঠকবাজ মনে হবে৷ এইভাবে পুরো সমাজ আর সভ্যতা হত্যাকারী, চুরি করা আর ঠকবাজীতে সীমিত হয়ে যাবে৷ যদি আমরা উদ্দেশ্যটাকেই উপেক্ষা করি তাহলে সরকারের তার লোকেদের বা অধিকারীদের কাছ থেকে ত্যাগ আশা করার কোন অধিকারই থাকবে না৷ উদ্দেশ্য ছেড়ে দিন, তাহলে প্রত্যেকটা ধার্মিক প্রচারক কে মিথ্যাচারের জন্য সন্দেহ করা হবে আর পয়গম্বর কে কোটি-কোটি সরল অবোধ জনতাকে ভুল পথ দেখানোর জন্য আরোপিত করা হবে৷

আমরা যদি উদ্দেশ্যটাকে একদিকে রেখে দি তাহলে জিসস ক্রাইস্ট কে মনে হবে এমন একজন লোক যিনি বিশৃঙ্খলা তৈরি করার জন্য, শান্তি ভঙ্গ করার জন্য দায়ী আর বিদ্রোহের শিক্ষা দিচ্ছেন, আর তাঁকে একজন ‘বিপজ্জনক ব্যক্তিত্ব’ আইনের ভাষায় আখ্যা দেওয়া হবে৷ কিন্তু আমরা তাঁর পুজো করি৷

ওনার জন্য আমাদের হৃদয়ে মহান সম্মান আছে আর ওনার প্রতিচ্ছবি আমাদের মধ্যে আধ্যাত্মিক ভাব জাগ্রত করে৷ কেন? কেননা তাঁর কাজগুলোর মধ্যে উচ্চ আদর্শের প্রেরণা ছিল৷ তখনকার শাসকরা সেই সময় তাঁর উচ্চ আদর্শ বুঝতে পারেনি, ওঁনার কেবল বাইরের কাজগুলোই দেখেছিল, তারপর উনিশটা

শতাব্দী কেটে গেছে, আমরা কি আজ একটুও অগ্রসর হয়নি? আমরা কি সেই ভুলগুলোই আবার করব ? যদি তাই হয়, তাহলে আমাদের মানতে হবে যে যত ত্যাগ আমাদের মানুষদের দ্বারা হয়েছে আর মহান শহীদদের দ্বারা যে প্রচেষ্টাগুলো হয়েছে, সব ফালতু ছিল আর মনে হবে যে আমরা আজও সেখানেই দাঁড়িয়ে যেখানে আজ থেকে দুই হাজার বছর আগে ছিলাম।

আইনের দৃষ্টিতেও উদ্দেশ্যটা একটা গুরুত্বপূর্ণ বিশেষ স্থান রাখে। আমরা জেনারেল ডায়রের উদাহরণ নিচ্ছি। সে নিরীহ এবং অস্ত্রহীন মানুষের ওপরে সমানে গুলি চালিয়েছে আর শত-শত মানুষ মেরেছে। কিন্তু মিলিটরি কোর্ট ওনাকে গুলি করার আদেশ দেয়নি। তারা ওনাকে লাখোঁ টাকা পুরস্কার দিয়েছে। আর একটা উদাহরণ দেই, শ্রী খড়গসিং বাহাদুর একজন অল্পবয়সী গোর্খা, একজন মারওয়ারীকে কলকাতায় হত্যা করল, যদি উদ্দেশ্যটাকে একদিকে রাখা হয়, তো খড়্গ বাহাদুরকে ফাঁসি দেওয়া উচিত ছিল। কিন্তু তাকে মাত্র কয়েক বছরের জন্য কারাদণ্ড দেওয়া হয়েছে। এমনকি তার শাস্তির সময় পুরো হবার আগে তাকে ছেড়ে দেওয়া হয়েছে। আইনের কি কোন ফাঁক ছিল যে তাকে ফাঁসি দেওয়া হয়নি? বা তার বিপক্ষে হত্যার অভিযোগ প্রমাণিত হয়নি ? আমাদের মত সেও পুরো দায়িত্ব স্বীকার করেছিল, কিন্তু সে মৃত্যুকে এড়িয়ে গেল, সে আজ স্বতন্ত্র। আমি জিজ্ঞেস করতে চাই আপনাকে লর্ডশিপ, তাকে কেন ক্যাপিটল শাস্তি দেওয়া হয়নি ?ওর কাজটাও আগে থেকে যোজনাবদ্ধ আর মাপা ছিল। উদ্দেশ্যের দিক থেকে দেখলে ওর কাজটা অনেক বেশি গম্ভীর এবং প্রাণনাশক ছিল, আমাদের করা কাজ থেকে। ওকে অল্প শাস্তি দেওয়া হয়েছে কেননা ওর উদ্দেশ্য ভাল ছিল, সে সমাজকে একটা নোংরা রক্তচোষার থেকে বাঁচিয়ে ছিল যে অনেক মেয়েদের সর্বনাশ করেছে। খড়্গসিং কে আইনের আনুষ্ঠানিকতাকে ধরে রাখার জন্য অল্প শাস্তি দেওয়া হয়েছিল।

এই নীতি(যে আইন উদ্দেশ্যর ওপরে বিবেচনা করে না) পুরোপুরি অস্বাভাবিক। এটা আইনের মৌলিক নীতির বিরুদ্ধে, যা এটা ঘোষিত করে যে "আইন মানুষের জন্য, মানুষ আইনের জন্য নয়।" তাহলে এগুলোই কেন আমাদের ক্ষেত্রে প্রযোজ্য নয় ? এটা তো স্পষ্ট যে খড়্গসিং কে শাস্তি দেবার সময় ওর উদ্দেশ্যটাকে মাথায় রাখা হয়েছিল, নইলে কোন হত্যাকারী জল্লাদের ফাঁসি থেকে নিস্তার পায়না। আমরা কি আইনের সাধারণ সুবিধার থেকেও বঞ্চিত হবো

কেননা আমরা সরকারের বিরোধিতার দোষী, বা আমাদের কাজের রাজনৈতিক গুরুত্ব ছিল?

মাই, লর্ডস, এইরকম অবস্থার মধ্যে আমাদের জাহির করার অনুমতি দেওয়া হোক যে একটা সরকার যদি এইরকম নিচ উপায়ে নিজের আশ্রয় নেয় তাহলে তার অস্তিত্বে থাকার কোন অধিকার নেই। আর যদি এটা আছে, তাহলে খুব কম সময়ের জন্য, আর সেই সঙ্গে মাথায় হাজার লোকেদের রক্তের বোঝা নিয়ে। যদি আইন উদ্দেশ্য না দেখে তো বিচার সম্ভব নয়, সেখানে স্থায়ী শান্তিও সম্ভব নয়।

আটায় আর্সেনিক মেশানো অপরাধ নয় যদি সেটা ইঁদুরের খাবার জন্য হয়, কিন্তু এর উদ্দেশ্য যদি মানুষ মারার জন্য হয় তাহলে সেটা হত্যার অপরাধে গণ্য হবে। সেইজন্যই যে আইন কারণের পরীক্ষণ করে না আর ন্যায়ের নীতির বিরুদ্ধে কাজ করে তার লুপ্ত হওয়া উচিত। এইরকমের অন্যায়পূর্ণ আইনের জন্য, বুদ্ধিজীবীদের বিপ্লবের রাস্তা বেছে নিতে হয়েছে।

আমাদের কেসের সত্যতা অত্যন্ত সহজ। আমরা দুট বম্ব লেজিসলেটিভ এসেম্বলী তে ৮ই এপ্রিল ১৯২৯ এ ফেলেছিলাম। তার জন্য, বিস্ফোটে অল্প কিছু লোকেদের ছোট খাটো খোঁচা লেগেছে। চেম্বরে হট্টগোল হয়েছিল আর শয়ে-শয়ে দর্শকরা, সদস্যরা এসেম্বলী থেকে পালিয়েছিলেন। শুধু আমি আর আমার বন্ধু বী. কে. দত্ত ভিজিটর গ্যালেরীতে বসে ছিলাম আর আমরা নিজেদেরকে এরেস্ট করার জন্য ধরা দিয়েছিলাম। আমাদের ওপর হত্যার চেষ্টার আরোপ দিয়ে সারা জীবনের মতন বন্দিত্বের শাস্তি হল।

আমি যেমন আগেও বলেছি, বিস্ফোটে কেবল চার-পাঁচজন অল্প আহত হয়েছিলেন আর একটা বেঞ্চ ড্যামেজ হয়েছিল, আমরা বিনা প্রতিরোধে নিজেদের এরেস্ট হতে দিয়েছিলাম, সেশন জজ নিজে বলেছেন যে আমরা চাইলে পালতে পারতাম যদি আমাদের সে রকম কোন ইচ্ছে থাকত। আমরা আমাদের দোষ স্বীকার করেছিলাম আর আমাদের কাজ সংক্রান্ত স্টেটমেন্টও দিয়েছিলাম। আমরা শাস্তিকে ভয় পাইনি। কিন্তু আমরা চাইনা যে আমাদের ভুল বোঝা হোক। জজ আমাদের স্টেটমেন্ট থেকে কিছু অংশ বাদ দিয়ে দিয়ে দিয়েছেন। এটাকে আমাদের আসল অবস্থাটা বিবেচনার জন্য ক্ষতিকর।

আমাদের স্টেটমেন্টের গোটা অংশ পড়লে পরে এটা স্পষ্ট হয়ে যেত যে আমাদের মতে, আমাদের দেশ একটা দুর্বল সময়ের মধ্যে দিয়ে যাচ্ছে। আমরা

আসল বিপর্যয়ের কথা চিন্তা করেছি তাই ভাবলাম যে সময়মত, সঠিক সতর্কতা জোরদার আওয়াজে জানান দরকার। আমাদের নিজেদের বিচারধারা আর অভিজ্ঞ জজের মত ভিন্ন হতেই পারে, কিন্তু তার মানে এই তো নয় যে আমরা আমাদের মতামত দেবার অনুমতি থেকে বঞ্চিত হবো, আর ভুল কথাগুলো আমাদের নামে প্রচার করা হবে।

আমাদের স্টেটমেন্টে আমরা "লং লিভ রিভোল্যুশন' আর 'ডাউন উইথ ইম্পেরিয়্যালিজম' এর মানে বর্ণনা করেছি। সেই বিচারগুলোকে জটিল বানানো হয়েছে। সেই অংশগুলো কে বাদ দেওয়া হয়েছে। সাধারণ ভাবে বিপ্লবের একটা ভুল অর্থ বার করা হয়েছে। আমাদের মতবাদে বম্ব আর পিস্তল বিপ্লব না। বিপ্লবের তলওয়ারকে আদর্শের শানে ঘসে ধার দিতে হয়। এটাই আমরা জোর দিয়ে বলতে চাইছি। আমরা বিপ্লব মানে মনে করি পুঁজিবাদের যুদ্ধের জন্য যে দুর্দশা হচ্ছে তার অন্ত হোক। এটা একেবারেই ঠিক ছিল না যে আমাদের লক্ষ্য আর উদ্দেশ্য না বুঝেই বিচার দিয়ে দেওয়া। এটাও দেখা দরকার ছিল যে সেগুলোকে সফল করতে আমরা কি পদ্ধতি নিয়েছিলাম, আমাদের নাম ভুল বিচারাধারার সঙ্গে জোড়া পুরোপুরি অন্যায়।

এটা জরুরী ছিল যে সময়মত আমরা সতর্ক করে দেই কেননা মানুষের মধ্যে অস্থিরতা বাড়ছে আর এই পীড়া আগে গিয়ে গম্ভীর গতিপথে যেতে পারে, যদি না ঠিকমত এটার সময়ে চিকিৎসা করা হয়। যদি আমাদের সতর্কতার দিকে খেয়াল করা না হয়, কোন মানবীয় শক্তি এটা রুখতে পারবে না। আমরা এই পদক্ষেপ ঝঞ্ঝাকে সঠিক দিশা দেবার জন্য নিয়েছি। আমরা ইতিহাসের ভাল ছাত্র। আমরা বিশ্বাস করি যে যদি শাসক শক্তি সঠিক সময়, সঠিক কাজ করত তো ফ্রান্স এবং রাশিয়ায় রক্তাপ্লুত বিপ্লব হত না। বিশ্বের অনেক বড় শক্তি আদর্শের এই ঝড়কে থামাতে চেষ্টা করেছে আর রক্তের মধ্যে ডুবে গেছে। শাসকেরা এই ধারাকে রুখতে পারে না। আমরা প্রথম সাবধানবাণী দিয়েছিলাম। আমাদের লক্ষ যদি কোন বিশেষ ব্যক্তিদের মারার হত, আমরা আমাদের লক্ষ প্রাপ্তিতে নিষ্ফল হতাম।

মাই লর্ডস, এটাই আমাদের লক্ষ এবং কাজের পেছনে স্পিরিট ছিল, আর তার পরিনাম দৃঢ়ভাবে আমাদের স্টেটমেন্ট সমর্থন করে। আর একটা কথা আছে যেটা আর একটু ব্যাখ্যা করা দরকার আর সেটা হল বম্বের শক্তি কতটা ছিল। আমাদের কি এই বিষয়ে কোন ধারণা ছিল না, সেই রকম হলে আমরা সেই

বম্বগুলো কখনও ছুঁড়তাম না তাদের দিকে, যেখানে আমাদের সম্মানীয় দেশের নেতারা পন্ডিত মতিলাল নেহরু, শ্রী কেল্কর, শ্রী জয়কার আর শ্রী জিন্না উপস্থিত ছিলেন। আমরা আমাদের নেতাদের জীবনের কখনই রিস্ক নিতাম না, সেটা কি কখনও সম্ভব ?হাজার হোক, আমরা পাগল নই, তাহলে আমাদের জেলে না পাঠিয়ে পাগলাগারদে পাঠানো হত। আমাদের বম্বের শক্তির বিষয়ে পুরো জ্ঞান ছিল তাই আমরা আত্মবিশ্বাসের সঙ্গে ওগুলো ফেলেছিলাম। যেখানে লোকেরা বসেছিলেন সেখানে ছোঁড়া আমাদের পক্ষে যথেষ্ট সহজ ছিল, কিন্তু যেখানে কেউ নেই সেখানে ছোঁড়াটা মুশকিল ছিল। আমরা কি প্রকৃতিস্থ নই বা মানসিক ভারসম্যহীন, তাহলে ওগুলো লোকেদের মাঝে পড়তো, খালি বেঞ্চের ওপরে নয়। এখানে আমি বলতে চাইবো যে আমাদের খালি জায়গা চয়ন করার জন্য পুরস্কৃত করা উচিত। এই অবস্থায় মাই লর্ডস, আমাদের মনে হয় আমাদের ঠিক মত বোঝা হয়নি।

মাই লর্ডস আমরা আমাদের সাজা কম করার জন্য আপনার কাছে আসিনি। আমরা আমাদের স্থিতি পরিষ্কার ভাবে বোঝাতে এসেছি। আমরা চাই যে আমাদের কোন অন্যায়, অবিচার না দেওয়া হোক আর কোন অন্যায় মতামত আমাদের বিষয়ে না দেওয়া হোক। শাস্তির প্রশ্নটা আমাদের কাছে অপ্রধান মহত্ব রাখে।

**

১৭

লাহোর কনিস্পরেসি কেস অর্ডিন্যান্স সংক্রান্ত

"লাহোর কনিস্পরেসি কেসের বন্দিদের কৌশল ছিল যে তারা কেস টাকে লম্বা টানবে আর কোর্টে বিপ্লবী পার্টির উদ্দেশ্যগুলি কে প্রচার করবে। সরকার তাদের অভিপ্রায় বুঝতে পেরেছিল আর কার্যবিবরণী কে ত্বরান্বিত করেছিল। সরকার লোয়র কোর্ট থেকে কেস তুলে নিয়ে একটা অর্ডিন্যান্স ঘোষণা করে যাকে এলসিসি অর্ডিন্যান্স ন. ৩/ ১৯৩০ বলা হয়। এই অর্ডিন্যান্স দ্বারা সজ্জিত হয়ে, সরকার তিন জন হাই কোর্টের জজ নিযুক্ত করে স্পেশল ট্রিবিউনল তৈরি করে আর তাদেরকে ক্ষমতা দেয় যে দোষীরা উপস্থিত না থাকলেও, সাক্ষী দ্বারা কেসে বিধান দিতে পারেন। গভর্নর-জেনরল এই পদক্ষেপকে ন্যায়োচিত মনে করে বলেন যে দোষীরা বারবার অনশন করে কোর্টের কাজ এগোতে বাধা সৃষ্টি করছে। এই সন্দর্ভে ভগত সিংহ গভর্নর-জেনরল কে তাঁর দেওয়া তর্ক কে উচ্ছেদ করার জন্য চিঠি লেখেন।"

হিজ এক্সসিলেন্সি ২ - মে ১৯৩০
গভর্নর জেনরল অফ ইন্ডিয়া,
সিমলা।

স্যার,
আমাদের ট্রায়ল দ্রুত করার জন্য, স্পেশল অর্ডিন্যান্স পুরোটা আমাদের

পড়ে শোনানো হয়েছে। ট্রাইব্যুনল, চিফ জাস্টিস অফ দ পাঞ্জাব হাই কোর্ট অফ জুরিডিকেচর দ্বারা নিযুক্ত হয়েছে। আমরা এই খবর কে স্বাগত জানাই। আমরা চুপ করে থাকতে পারতাম যদি না আপনি এই কেসের জন্য আমাদের আশ্রিত মনোভাবের কথা উল্লেখ করতেন, আর এই ভাবে পুর দায়িত্ব তা আমাদের ঘাড়ে না চাপাতেন। বর্তমান পরিস্থিতিতে, এটা জরুরি যে আমরা, আমাদের অবস্থান একটা স্টেটমেন্ট দিয়ে স্পষ্ট করি।

আমরা প্রথম থেকে দেখে আসছি যে সরকারি কতৃপক্ষ জেনেশুনে আমাদের বিষয়ে মিথ্যে ধারণা দেবার চেষ্টা করছেন। হাজার হোক, এটা একটা লড়াই, আর সরকারের হাতে সব সময় শ্রেষ্ঠ যন্ত্র হল, মিথ্যা বিবৃতি, যাতে শত্রুর সঙ্গে মোকাবিলা করা যায়। আমাদের এই নীচ কৌশলের বিরুদ্ধে কোন দ্বেষ নেই। তাসত্ত্বেও কিছু ব্যাপার আছে যেগুলো বিবেচনা আমাদের পাল্টা জবাব দিতে বাধ্য করছে।

আপনি আপনার স্টেটমেন্টে লাহোর কন্সপিরেসি অর্ডিনান্সে আমাদের অনশনের কথা বলেছেন, যেমনটা আপনি নিজেই স্বীকার করেছেন যে আমাদের মধ্যে দুজন স্পেশল ম্যাজিস্ট্রেট পন্ডিত শ্রী আর এস কৃষন এর কোর্টে এই কেসের তদন্ত শুরু হবার আগেই অনশন শুরু করেছিলেন। তাই কোন মানুষের যদি একটু সাধারণ বুদ্ধি থাকে, তো সে বুঝতে পারবে যে এই অনশনের ট্রায়াল এর সঙ্গে তার কোন যোগাযোগ নেই। সরকারের এই অভিযোগগুলো স্বীকার করতে হবে। আমাদের প্রশ্নের উত্তরে সরকার যখন সমাধানে আসার জন্য কিছু ইঙ্গিত দিলেন আর প্রভিন্সিয়ল জেল ইনকয়ারি কমিটি এই কারণেই গঠন হল, আমরা অনশন ছেড়ে দিলাম। কিন্তু প্রথমে জানানো হল যে সমাধান নভেম্বরে হয়ে যাবে, তারপর সেটাকে ডিসেম্বর পর্যন্ত স্থগিত রাখা হল। কিন্তু জানুয়ারীও কেটে গেল আর কোনরকমের সূচনা আজ পর্যন্ত পাওয়া যায়নি যে সরকার আদৌ এ বিষয়ে কিছু করছে কি না। আমাদের ভয় যে ব্যাপারটা তাকে তুলে দেয়া হয়েছে। তারপর এক সপ্তাহের নোটিশ দিয়ে দ্বিতীয় বার অনশন ৪ ফেব্রুয়ারী, ১৯৩০ শুরু করা হল, এর পরই সরকার এ বিষয়ে অন্তিম রূপে কিছু সমাধানের চেষ্টা করলেন।

এই ব্যাপারে আমাদের কাছে খবর আসে যা প্রকাশিতও হয়েছিল, আমরা আবার অনশন বন্ধ করে দি, আর এটা দেখার জন্যও অপেক্ষা করিনা যে এ বিষয়ে অন্তিম নির্ণয় কি হল যেটা লাগু হবে। এটা সবে আজকেই আমরা বুঝতে পারছি যে ব্রিটিশ সরকার নিজের মিথ্যা বলার নীতি এখনো ছাড়েনি, এমনকি এইরকম একটা সাধারণ বিষয় নিয়েও নয়। এই বার্তায় বিশেষ শর্ত ছিল। কিন্তু আমরা দেখছি যে

এগুলো প্র্যাক্টিস থেকে অনেক উল্টো। যায় হোক, এটা এ প্রশ্ন নিয়ে আলোচনার সঠিক জায়গা নয়। যদি সুযোগ হয়, পরে এই নিয়ে চর্চা করা যাবে। অনশন, কোর্টের কার্য্য বিবরণীর বিরুদ্ধচারণের জন্য করা হয়নি, এরকম বড় ত্যাগ আর বেদনা কোন সাধারণ উদ্দেশ্যে কখনই করা যায় না। দাস এসব তুচ্ছ কারণে নিজের জীবন দেননি। রাজগুরু বা অন্যান্যরা ট্রায়ালের সময় বাড়াবার জন্য মোটেই নিজেদের জীবনের ঝুঁকি নেননি।

আপনি খুব ভালো করেই জানেন আর যারা এর সঙ্গে জড়িত তারাও জানে যে এই অর্ডিন্যান্সের প্রচারের জন্য অনশন আপনাকে বাদ্ধ করেনি। আপনাদের চিন্তায় কিছু আরই আছে যেটা আপনারা সরকারের বড় মহলকে বিভ্রান্ত করেছে, এটা কেসের বিলম্বনও নয়, নাই কোন জরুরি ব্যাপার যেটা আপনাকে এই আইনহীন কানুনে হস্তাক্ষর করিয়েছে। এটা কিছু অন্য ব্যাপার।

কিন্তু আমাদের আবার, শেষ বার ঘোষণা করতে দিন যে আমাদের চিত্ত এই অর্ডিনান্সে ভয়হীন হয়ে থাকবে। আপনারা কয়েকজন কে কুচলে ফেলতে পারেন কিন্তু আপনারা একটা দেশকে কুচলাতে পারবেন না। আর অর্ডিন্যান্সের কথা যদি বলেন, তাহলে সেটাকে আমরা আমাদের বিজয় মনে করি। আমরা প্রথম থেকে বলে আসছি যে বর্তমানের আইন নিছক একটা বিশ্বাস করানোর ভান। এটা ন্যায়ও দিতে পারবে না, এমনকি যে সুবিধাগুলোর বৈধ এবং আইন সঙ্গত ভাবে অন্যান্য দোষীদের অধিকারে, সেগুলোও রাজনৈতিক কেসে দেওয়া হচ্ছে না। আমরা চাই যে সরকার নিজের মুখোশ খুলে অকপটে স্বীকার করুক যে রাজনৈতিক দোষীদের নিজেদের বাঁচানোর উচিত সুযোগ দেওয়া যাবে না।

এখানে আমরা সরকারের খোলা স্বীকৃতি পাচ্ছি। আমরা আপনাকে এবং আপনার সরকারকে এই অকপট স্বীকৃতির জন্য অভিনন্দন জানাচ্ছি আর অর্ডিন্যান্স কে স্বাগত জানাচ্ছি। আপনার খোলাখুলি ভাবে নিজের এজেন্টদের ভর্তি, স্পেশল ম্যাজিস্ট্রেট আর প্রসিকিয়ুশন কাউন্সেলের, আমাদের মনোভাবের যুক্তি সঙ্গততা নিয়ে শুরু থেকে এই কেসে আপনি ভ্রান্তিতে আছেন। আর আমাদের এই লড়াইতে সফলতা সুনিশ্চিত করার জন্য আর কি চাই।

**

১৮

জাস্টিস হিল্টনেরও যাওয়া উচিত

“১২ মে, ১৯৩০, স্পেশল ট্রাইব্যুনলের প্রিসাইডিং জজ একটা গানের প্রশ্নে মেজাজের ভারসাম্য হারিয়ে ফেলেন। উনি দোষীদেরকে হাতকড়া পড়াবার আদেশ দেন, দোষীদেরকে বলপূর্বক কোর্ট থেকে বার করে আবার জেলে পাঠিয়ে দেওয়া হয়। তারপর দিন থেকে দোষীরা কোর্ট কে বয়কট করে আর দাবি জানায় যে হয় প্রিসাইডিং জজ ক্ষমা চাইবেন বা তাঁকে বাদ দেওয়া হোক।

২১ জুন প্রিসাইডিং জজকে সরিয়ে দেওয়া হয়েছিল আর ২৩ শে যখন দোষীরা কোর্টে গেল তখন দেখল যে জস্টিস হিল্টন যিনি আদেশের একজন পার্টি ছিলেন তিনি ট্রাইব্যুনল প্রিসাইড করছেন। দোষীরা এর বিরোধ করল আর দাবি করল যে জস্টিস হিল্টন হয় নিজেকে আদেশ থেকে আলাদা করে নিন বা ক্ষমা চেয়ে নিন, তা যদি না হয়, তাহলে তাঁকেও ট্রাইব্যুনল থেকে সরিয়ে দেওয়া হোক। এই ব্যাপারে ভগত সিংহ এই চিঠি লিখেছিলেন।”

টু
দ কমিশনর,
দ স্পেশল ট্রাইব্যুনল,
লাহোর কন্সপিরেসি কেস, লাহোর।

স্যার,

যখন কিনা দুজন ট্রাইব্যুনলের জজ নিজেদের নাম প্রত্যাহার করেছেন বা করানো হয়েছে, তাদের জায়গায় দুজন নতুন জজের নিযুক্তি হয়েছে।

আমরা ভাবি যে এখানে আমাদের একটা স্টেটমেন্ট দেওয়া দরকার যাতে আমাদের অবস্থান পরিষ্কার হয় আর কোন ভুল বোঝাবুঝি সম্ভব না হয়।

১২ মে, ১৯৩০, জস্টিস কোল্ডস্ট্রিম, তখনকার ট্রাইব্যুনলের প্রেসিডেন্ট একটা আদেশ পাশ করেন, আর কোর্টকে বলেন যে তার কোন ব্যাখ্যা দেবার দরকার নেই। পুলিশ আমাদের হাথকড়ি পরিয়ে বলপূর্বক আমাদের কোর্ট থেকে ফেরত জেলে নিয়ে আসে। তিনজনের মধ্যে একজন জজ মিঃ আগা হরিদর, পরের দিন নিজেকে সেই আদেশ থেকে আলাদা করে নেন। সেই দিন থেকে আমরা কোর্টে যাচ্ছি না।

আমাদের শর্ত ছিল যে আমরা ট্রাইব্যুনলে যাবো তবে তার আগে প্রেসিডেন্ট হয় ক্ষমা চেয়ে নিন বা তাঁকে সরিয়ে দেওয়া হোক, কিন্তু তার মানে আমরা এটাতো বলিনি যে একজন জজ যে সেই আদেশের পার্টি ছিল তাকে প্রেসিডেন্ট এর জায়গা দেওয়া হোক।

প্রায় পাঁচ সপ্তাহ আমাদের অভিযোগের ওপর খেয়াল করা হয়নি।

বর্তমান ট্রাইব্যুনল যেটা নতুন ভাবে হল সেই হিসেবে, প্রেসিডেন্ট এবং দুজন জজ যারা নিজেদের প্রেসিডেন্টের আদেশ থেকে সরিয়ে নিয়েছিল, তাদের জায়গায় দুজন নতুন জজ রাখা হয়েছে। আর প্রেসিডেন্ট যে আদেশ দিয়েছিলেন সর্বসম্মতিতে তাদের মধ্যে থাকা একজন জজ কে ট্রাইব্যুনলে প্রেসিডেন্ট বানানো হয়েছে। এই পরিস্থিতিতে আমরা জানাতে চাই যে আমাদের, ব্যক্তি হিসেবে মিঃ জস্টিস কোল্ডস্ট্রিমের ওপর কোন রোষ ছিল না, আমরা সর্বসম্মতি দ্বারা পাশ করা আদেশের বিরোধ করি যা তখনকার প্রেসিডেন্ট দিয়েছিলেন, যে কারণে আমাদের সাথে দুর্ব্যবহার হয়। আমাদের মিঃ জস্টিস কোল্ডস্ট্রিম আর মিঃ জস্টিস হিল্টনের প্রতি অতটাই শ্রদ্ধা আছে যা একটা মানুষের প্রতি থাকে। আর যেহেতু আমাদের বিরোধ বিশেষ আদেশের জন্য ছিল আমরা চেয়েছিলাম প্রেসিডেন্ট পুরো ট্রাইব্যুনলের হয়ে ক্ষমা চাইবেন, যারা এই আদেশের দায়িত্বে ছিল।

প্রেসিডেন্ট কে সরিয়ে দিয়ে ব্যাপারটা কিছুই বদলায়নি কেননা সেখানে মিঃ জস্টিস হিল্টন কে প্রেসিডেন্ট করা হল যিনি নিজে সেই আদেশে পার্টি ছিলেন। এটা আমাদের আঘাতের ওপর আরও অপমান চাপিয়ে দিল।

আপনাদের ইত্যাদি

২৫ জুন, ১৯৩০

ভগত সিংহ, বী. কে. দত্ত

**

১৯

আত্মহত্যার ওপরে সুখদেব কে চিঠি

"যখন অন্তিম নির্ণয়ের জন্য অপেক্ষা করছিলো তখন দোষীদের মাথায় একটাই চিন্তা ছিল যে 'তাদের কি হবে?' সুখদেব বিশেষ করে খুব হতাশ হয় পড়েছিল যে যদি তাদের যাবৎজীবন কারাদণ্ড শোনানো হয়, ও হয় মুক্ত হবে বা মৃত্যু কে বেছে নেবে। ও ভগত সিংহ কে লিখেছিল যে যদি ওকে জীবনের মতন কারাগারে থাকতে হয় তো ও আত্মহত্যা করবে। ভগত সিংহের চিঠি তার উত্তরে অত্যন্ত তীব্র।" "কষ্ট থেকে পালানো ভীতুদের কাজ ", উনি বলেছিলেন। এই চিঠিটা অত্যন্ত গুরুত্বপূর্ণ কেননা এটা সিংহের মস্তিষ্কের আর একটা জানালা খুলে আমাদের সামনে প্রস্তুত করে।

প্রিয় ভাই,

আমি তোমার চিঠি অনেকবার এবং মন দিয়ে পড়েছি। আমি বুঝেছি যে পরিবর্তিত পরিস্থিতি আমাদের আলাদা-আলাদা ভাবে প্রভাবিত করেছে। যে জিনিসটা কে তুমি ঘৃণা করতে সেটা এখন তোমার কাছে আবশ্যক হয়ে উঠেছে। ঠিক সেইরকমই যে জিনিসগুলো আমি সশক্ত ভাবে সমর্থন করতাম তাদের আজ আমার কাছে কোন মূল্য নেই। উদাহরণে যেমন নিজস্ব ভালোবাসায় আমার বিশ্বাস ছিল, এখন সেটা আমার মন, মস্তিষ্কে কোন স্থানই রাখে না, যেমন বাইরে থাকতে তুমি এই বিষয়টার প্রতিবাদ করতে কিন্তু আপাতদৃষ্টিতে মৌলবাদ তোমার ধারণার মধ্যে বিরাট পরিবর্তন এনেছে। তুমি এটাকে মানুষের অস্তিত্বে একটা অত্যন্ত জরুরি ভাগ হিসেবে মনে করছো, আর তুমি সেটা অনুভব করে একরকমের আনন্দও পাচ্ছ।

তুমি এখনো মনে করতে পার, যখন আমাদের মধ্যে আত্মহত্যা নিয়ে আলোচনা হয়েছিল, আমি বলেছিলাম, কোন - কোন সময়ে আত্মহত্যা কে ন্যায়োচিত বলা যেতে পারে। কিন্তু তুমি আমার কথায় আপত্তি কর। আমার পরিষ্কার ভাবে সেই সময় এবং জায়গাটা মনে আছে। আমরা শাহনশাহী কুটিয়া তে বিকেলে এই বিষয় নিয়ে চর্চা করেছিলাম। তুমি মজা করে বলেছিলে, এরকম ভীতুপ্রবণ কাজ কখনই ন্যায়োচিত হতে পারে না।

তুমি বলেছিলে এইরকমের কাজ ভয়ঙ্কর এবং নৃশংস, কিন্তু আমি এখন দেখছি যে এই বিষয়ে তুমি একেবারে পাল্টে গিয়েছো। এখন তুমি এটাকে বিশেষ সময় না শুধু দরকারি বরং অত্যন্ত জরুরি মনে করছ। আমার মতে, যা তুমি একসময়ে ভাবতে যে আত্মহত্যা একটা নৃশংস অপরাধ, এটা পূর্ণরূপে ভীতুদের কাজ, বিপ্লবীদের ছেড়ে দাও, কোন মানুষই এইরকম কাজ কে সমর্থন করতে পারে না।

তুমি বলছো যে তুমি বুঝতে পারছ না যে খালি কষ্ট - বহন করে কি ভাবে দেশের সেবা করবে। এই রকম প্রশ্ন তোমার মতন ব্যক্তির কাছ থেকে সত্যিই মাথা ঘুরিয়ে দেবার মতন,কেননা কত বুদ্ধি, বিবেচনা দিয়ে আমরা 'নৌজওয়ান ভারত সভার' - উদ্দেশ্যকে ভালোবেসেছিলাম। "কষ্ট সহ্য কর, ত্যাগ কর সেবার দ্বারা।" আমার মনে হয় তুমি তোমার সাধ্য মত সেবা করেছ। এখন তুমি যা করেছ তার কষ্ট তোমার ভোগ করা উচিত। আর একটা কথা, যে এটা সঠিক সেই সময় যখন তুমি সব জনতা কে নেতৃত্ব দেবে। মানুষ তখনই কাজ করে যখন সে তার কাজের ন্যায়ের বিষয়ে সুনিশ্চিত হয় , যেমন আমরা লেজিসলেটিভ এসেম্বলি তে বম্ব ছুঁড়েছিলাম। এখন সময় যে আমরা আমাদের কৃত্য ফলাফল ভোগ করি। তোমার কি মনে হয় যদি আমরা শাস্তিকে পাশ কাটানোর জন্য দয়ার প্রার্থনা জানাতাম, আমরা বেশি ন্যায়োচিত হতে পারতাম? না, এটার লোকেদের ওপরে উল্টো প্রভাব পড়তো। আমরা এখন আমাদের চেষ্টায় যথেষ্ট সফল হয়েছি।

আমাদের কারাবাসের সময় সবই রাজনৈতিক বন্দিদের যারা আমাদের পার্টির, কষ্টদায়ক অবস্থায় আছে। আমরা সেটাকে উন্নত করার চেষ্টা করছি। আমি তোমাকে যথেষ্ট গুরুত্ব সহকারে বলছি যে আমরা জানি আমরা শীঘ্রই মারা যাব। আমরা জবরদস্তি খাওয়ানোর কায়দা না জানতাম না কখনও ভাবতে পেরেছিলাম। আমরা মরতে রাজি ছিলাম। তুমি কি ভাব যে আমরা আত্মহত্যার কথা ভেবেছিলাম? না, চেষ্টা করা, আর উচ্চ আদর্শের জন্য নিজের জীবন দেওয়াকে কখনও আত্মহত্যা

বলা যায়না। আমরা আমাদের কমরেড যতীন্দ্র নাথ দাসের মৃত্যু কে ঈর্ষা করি। তুমি সেটাকে আত্মহত্যা মনে করবে? শেষমেশ আমাদের কষ্ট ফলীভূত হয়েছে। একটা বড় আন্দোলন দেশ জুড়ে আরম্ভ হয়ে গেছে। আমরা আমাদের উদ্দেশ্যে সফল হয়েছি।

এই রকম সংঘর্ষে এইরকম মৃত্যু আদর্শ। এছাড়া, আমাদের কমরেডরা, যারা বিশ্বাস করে যে তাদের মৃত্যুর শাস্তি হবে,ওই দিনটার জন্য ধৈর্য সহকারে অপেক্ষা করা উচিত যখন বিচার ঘোষণা হবে আর তাঁদের ফাঁসিতে ঝোলানো হবে। এই মৃত্যুও খুব সুন্দর হবে, কিন্তু আত্মহত্যা করে নিজের জীবন অবধি কে কম করা শুধু কষ্ট সহ্য করতে না পারার জন্য - এটা দুর্বলতা। আমি তোমাকে বলতে চাই যে বাধা মানুষকে নিখুঁত তৈরি করে, না তুমি, না আমি। বলতে গেলে আমরা কেউই সেরকম কষ্ট আজ পর্যন্ত পাইনি। আমাদের জীবনের সেই ভাগটা এখন সবে শুরু হয়েছে, তোমার মনে পড়বে যখন আমরা রাশিয়ন সাহিত্যে বাস্তববাদ নিয়ে চর্চা করতাম, যেটা আমাদের মধ্যে দেখা যাচ্ছে না। আমরা ওই গল্পে ওদের পরিস্থিতি আর বেদনা কত উপলব্ধি করতাম কিন্তু আমরা নিজেদের মধ্যে ওই কষ্টের মর্ম অনুভব করিনা। আমরা তাদের আবেগ আর অসাধারণ চরিত্র গঠনের কত প্রসংশা করতাম, কিন্তু আমরা কোনদিন কারণ খুঁজতে যাইনি। আমি বলবো যে শুধু তাদের কষ্ট সহ্য করার সমাধান তাঁদের তীব্রতা প্রদান করেছিল, তাদের কষ্ট সহ্য করার ক্ষমতা তাদের চরিত্র আর সাহিত্য কে গভীরতা আর উচ্চতা দিয়েছিল। আমরা দয়নীয় আর হাস্যকর হয়ে যাই যখন আমরা অকারণ রহস্যবাদ কে আত্মসাৎ করি আমাদের জীবনে যার কোন স্বাভাবিক, ঠোস আধার নেই। মানুষরা যারা আমাদের মতন নিজেকে বিপ্লবী বলে গর্বিত হই সবসময়, তাদের সব সময় নানান রকমের বিপত্তি, উদ্বেগ, ব্যাথা আর কষ্ট সহ্য করার জন্য তৈরি থাকা উচিত কেননা ওগুলো আমরা আমাদের জীবনে ডেকে এনেছি আর যে জন্য আমরা নিজেদের বিপ্লবী বলি।

আমি তোমাকে একটা কথা বলতে চাই যে জেলে, আর একমাত্র জেলেই একজন ব্যক্তি সুযোগ পায় অভিজ্ঞতা মূলক ভাবে গুরুত্বপূর্ণ সামাজিক বিষয় - অপরাধ এবং পাপ অধ্যয়ন করার। আমি কিছু সাহিত্য এর ওপর পড়েছি আর জেলই একমাত্র, সঠিক জায়গা যেখানে এইসব বিষয়ের ওপর আত্ম অধ্যয়ন করা যায়। এইরকম পড়ার সবচেয়ে ভাল কথা হল যে ব্যক্তি সেগুলো নিজেও অনুভব করে।

তুমি জান যে রাশিয়াতে রাজনৈতিক বন্দিরা কত কষ্টের মধ্যে থেকেছে, বিশেষ করে, জারডম চলে যাবার পর জেল প্রশাসনের বিদ্রোহের সময়। ভারতবর্ষে কি সেই রকম লোকেদের দরকার নেই যারা এই বিষয়টার সমস্যাগুলো জানবে আর নিজে এইগুলি অনুভব করবে ?

এটা যথেষ্ট নয় যে বলা হবে অন্য কেউ এটা করবে বা অনেক লোকেরা এখানে আছে করার জন্য। তাই ব্যক্তিরা যারা এটাকে অত্যন্ত অসম্মানীয় আর ঘৃণিত মনে করে, নিজের বিপ্লবী দায়িত্ব অন্যের ওপর ছেড়ে দেবার, তাদের উচিত বর্তমান সিস্টেমের বিরুদ্ধে পুরো সমর্পনের সাথে সংঘর্ষ করা, তাদের এই নিয়মগুলোর অবমাননা করা উচিত কিন্তু সঙ্গে তাদের সঙ্গতির কথাও মনে রাখতে হবে, কেননা অকারণে, অনুচিত চেষ্টাকে কখনও ন্যায়োচিত বলা যায়না। এই রকম আন্দোলন বিপ্লবের প্রসেসকে ছোট করে দেবে। তুমি কতগুলো তর্ক নিজেকে এসবের থেকে আলাদা রাখার জন্য বলেছ সেগুলো আমার পক্ষে ধারণাতীত। আমাদের কিছু বন্ধুরা হয় বোকা নয় কিছু জানে না। তারা তোমার স্বভাব দেখে আশ্চর্য্য হয়ে যাবে যা ওদেরও বোধগম্য নয় (তারা নিজেরাই বলছে তারা এইসব বুঝতে পারছে না কেননা তুমি তাদের অনেক ওপরে ও তাদের বোঝার ক্ষমতার বাইরে)।

সত্যি যদি তোমার মনে হয় জেলের জীবন সত্যই অপমানজনক, তুমি আন্দোলন করে কেন সেটাকে উন্নত করার চেষ্টা করছনা? বোধহয় তুমি বলবে যে এই সংঘর্ষের কোন ফল হবে না, কিন্তু এই রকমের অবিকল তর্ক দুর্বল লোকেরা দেয় যারা কোন আন্দোলনে যোগ দিতে চায় না। এইরকমেরই উত্তর আমরা যখন জেলের বাইরে ছিলাম ওই লোকেদের কাছ থেকে পেতাম যারা বিপ্লবী আন্দোলনে যুক্ত না হবার জন্য উদগ্রীব হত। আমি কি এইরকম তর্ক তোমার কাছ থেকে পাব? আমাদের পার্টির বিশাল উদ্দেশ্য আর আদর্শের জন্য আমরা কতিপয় লোকেরা কি করতে পারি? আমরা কি এর থেকে সরে যাব যে আমরা একসাথে আমাদের কাজ শুরু করে গুরুতর ভুল করেছি? না, এরকম অনুমান করাও অনুচিত। এটা শুধু একটা মানুষের আন্তরিক দুর্বলতা দেখায় যে এরকম ভাবে।

তুমি আগে আরও লিখেছ যে এটা আশা করা যায় না যে একটা মানুষ ১৪ বছর জেল খাটার পর, এত কষ্ট সহ্য করার পরও তার বিচারধারা আগের মতনই থাকবে, যা সে আগে ভাবত, কেননা জেল জীবন তার সব ধারণাকে চূর্ণ করে দিয়েছে।

আমি কি তোমাকে জিজ্ঞেস করতে পারি যে জেলের বাইরে আমাদের বিচারধারা কি অনুকূল পরিস্থিতিতে আছে?

তারপরও কি আমরা সেটা আমাদের অসফলতার জন্য ছেড়ে দিয়েছিলাম? তুমি কি অর্থে বোঝাতে চাও যে আমরা যদি এই কাজে না ঢুকতাম কোন বিপ্লবী কাজই হত না? যদি এটা তোমার যুক্তি, তাহলে তুমি ভুল করছো, যদি এটা ঠিক যে আমরা বাতাবরণ কে পরিবর্তিত করতে কিছুটা সাহায্য করেছি কিন্তু তাহলে আমরা শুধু আমাদের সময়ের দরকারের উৎপাদন।

আমি এটাও বলব যে মার্কস - সাম্যবাদের পিতা - এই ধারণাটা উদ্ভব করেননি। ইউরোপের শিল্প বিপ্লব নিজেই এই ধরণের মানুষ তৈরি করেছে। মার্কস তাদের মধ্যে একজন ছিলেন। যদিও, কিছুটা উনি ওনার সময়ের চাকাকে একটা বিশেষ দিশায় এগিয়ে নিয়ে যাওয়ার জন্য সহায়ক ছিলেন।

আমি (এবং তুমিও) সমাজবাদ বা সাম্যবাদের ধারণা এই দেশে জন্ম দিইনি। এটা আমাদের সময়ের প্রভাবের পরিণীতি এবং পরিস্থিতি যার মধ্যে দিয়ে আমরা যাচ্ছি। এটা ঠিকই যে আমরা এই ধারণার কিছুটা প্রচার - প্রসার করেছি, আর তাই আমি বলি যে যেহেতু এই শক্ত কাজটা আমরা আমাদের ঘাড়ে নিজেরা নিয়েছি, আমাদের এতে অগ্রসর হওয়া উচিত। জনগণ কষ্টের থেকে পালাবার জন্য আত্মহত্যা করলে, আমাদের দ্বারা দিশানির্দেশ পাবে না, ঠিক উল্টোটা হবে, একটা প্রতিক্রিয়াশীল কদম হয়ে যাবে।

আমরা আমাদের কাজ করে গেছি, যতই প্রতিকূল বাতাবরণ হোক - হতাশার, দাবানোর আর নিষ্ঠুরতার যা আমাদের ওপর জেল নিয়মের দোহাই দিয়ে চাপানো হয়েছে। আমাদের কাজের সময় আমাদেরকে অনেক বিপদের লক্ষ্য বানানো হয়েছে। এমন কি মানুষেরা যারা নিজেদের বড় মাপের বিপ্লবী মনে করতো তারাও আমাদের ছেড়ে চলে গেছে। এই পরিস্থিতি গুলো কি আমাদের পরীক্ষার চরম নয়? তাহলে আমাদের আন্দোলন আর চেষ্টা চালিয়ে যাবার কি কারণ বা যুক্তি?

এই সব সাধারণ তর্ক আমাদের ধারণার শক্তি কে বাড়িয়ে দেয় না? আর আমাদের কাছে কি সেরকম কোন বিপ্লবী কমরেডদের উদাহরণ নেই যারা তাদের শাস্তির জন্য জেল খেটেছে আর জেল থেকে বেরিয়েও কাজ করছে? যদি বাকুনিন তোমার মতন তর্ক দিত, তাহলে সে প্রথমেই আত্মহত্যা করে নিত।

আজ তুমি দেখবে প্রচুর বিপ্লবী যারা রাশিয়ন স্টেটে বড়-বড় দায়িত্বপূর্ণ পদে আছে যারা নিজের জীবনের বেশিরভাগ সময় জেলে কাটিয়ে দিয়েছে, তাদের শাস্তির পুরো হওয়া পর্যন্ত। মানুষকে কঠিন ভাবে চেষ্টা করতে হবে তার বিস্বাসে টিকে থাকতে। কেউ বলতে পারেনা ভবিষ্যতে কি আছে।

তোমার মনে আছে যখন আমরা চর্চা করছিলাম যে কিছু গাঢ় আর প্রভাবকারী বিষ আমাদের বম্ব কারখানায় রাখা উচিত, তুমি তার তীব্র বিরোধ করেছিলে। সেই ধারণাটা তোমার কাছে বেমানান ছিল। তোমার তাতে বিশ্বাস ছিল না। তাহলে এখন কি হল? এখানে এমনকি কঠিন বা জটিল অবস্থাও নেই। আমার এরকম প্রশ্নের চর্চা করতেও বিদ্রোহ অনুভব হচ্ছে। তুমি এমনকি ওই মনোভাবকেও ঘৃণা করতে যেটা আত্মহত্যা কে অনুমতি দেয়। আমাকে দয়া করে ক্ষমা করো, যেটা আমি জানতে চাইছি তার জন্য, তোমাকে যখন বন্দি করা হয় তখনও কি তুমি এই মিথ্যে ধারণা কে ঠিক ভেবে তার অনুসারে কাজ করতে, মানে (তুমি বিষ খেয়ে নিজেকে শেষ করে দিতে)। তুমি বিপ্লবের উদ্দেশ্যে সেবা করতে, কিন্তু এখন এই সময়, এমনকি একটা এইরকম কাজের ভাবনা আমাদের উদ্দেশ্যের ক্ষতি করবে।

আর একটা মাত্র কথা সংক্ষেপে বলবো, যেটাতে তোমার ধ্যান আকর্ষণ করতে চাই। আমরা ঈশ্বরে বিশ্বাসী নই, নরক আর স্বর্গ, শাস্তি বা পুরস্কার, এগুলো মানুষ জীবনে ঈশ্বরের গণনা। তাই আমরা জীবন এবং মৃত্যুকে বস্তুবাদী লাইনে চিন্তা করবো। যখন আমাকে দিল্লি থেকে এখানে সনাক্তকরণের উদ্দ্যেশে নিয়ে আসা হয়, কিছু ইন্টেলিজেন্স অধিকারীরা এই বিষয়ে আমার সঙ্গে কথা বলেছিলেন, আমার বাবার উপস্থিতি তে। তারা বলেছিল যে যেহেতু আমি আমার জীবন বাঁচাবার কোন চেষ্টাই করিনি কেননা আমি কোন গোপন কথা প্রকাশ করিনি, এটা নাকি প্রমান করে যে আমার জীবনে তীব্র যন্ত্রনা আছে। তারা তর্ক দেখালো যে এই রকমের মৃত্যু প্রায় আত্মহত্যার সামিল। কিন্তু তার উত্তরে আমি তাকে বলেছিলাম যে আমার মতন বিশ্বাস ও আদর্শের মানুষ কখনও বিনা কোন কারণে মরার চিন্তাও করতে পারে না। আমরা আমাদের জীবন থেকে সবচেয়ে বেশি মূল্য পেতে চাই। আমরা মানবতার সেবা যতটা পারি করতে চাই। বিশেষ করে আমার মতন মানুষ, যার জীবনে কোথাও না দুঃখ আছে না চিন্তা, সে কখনই আত্মহত্যার কথা চিন্তাও করতে পারেনা এমনকি আমাকে যদি তার জন্য একা ছেড়ে দেওয়া হয় তাহলেও নয়। এই জিনিসটাই আমি তোমাকে এখন বলতে চাইছি।

আমি আশা করি যে তুমি আমাকে আমার নিজের বিষয়ে কি ভাবি সেটা বলার অনুমতি দেবে। আমি নিশ্চিত যে ফাঁসি আমার শাস্তি। আমি সংযম বা ক্ষমা কোনটাই আশা করি না। যদি ক্ষমাও থাকে সেটা সবার জন্য হবে না, যদি ক্ষমা অন্যদের জন্য হয়, আমাদের জন্য নয়, সেটা প্রচন্ড সীমাবদ্ধ হবে আর অনেক শর্তে দায়িত্ব চাপানো হবে। আমাদের জন্য না কোন ক্ষমা হবে, না এগুলো হবে। তারপরও, আমার ইচ্ছে যে আমাদের রিলিজ কল যেন একসাথে আর বিশ্বজুড়ে হয়। তার সাথে আমার এটাও ইচ্ছে যখন আন্দোলন তার চরমে পৌঁছবে তখন আমাদের ফাঁসি হওয়া উচিত। আমার ইচ্ছে যে কোনও সময় কোন সম্মানীয় আর উচিত মিটমাট যদি সম্ভব হয়, আমাদের মামলা যেন কখন তাতে বাধা না দিতে পারে। যখন কোন দেশের ভবিষ্যৎ নির্ধারণ হচ্ছে সেখানে একটা মানুষের ভাগ্য কে ভুলে যেতে হয়। বিপ্লবী হিসেবে, আমরা বিশ্বাস করি যে আমাদের ওপরে যারা রাজত্ব করছে তাদের মনোভাবে হঠাৎ করে কোন পরিবর্তন আসবে না বিশেষ করে ব্রিটিশ জাতিতে। এইরকম আশ্চর্য্যজনক পরিবর্তন নিরন্তর চেষ্টা, কষ্ট, আর ত্যাগ ছাড়া সম্ভব নয়। আর সেটা নিশ্চই হাসিল হবে। যতদূর আমার মনোভাব, আমি সুবিধা আর ক্ষমা সবার জন্য চাইবো, তখনই যখন তার প্রভাব স্থায়ী আর যার ছাপ অনির্দিষ্টকাল পর্যন্ত দেশের মানুষের মনে থাকবে, আমাদের ফাঁসির দ্বারা, এতটাই, তার চেয়ে বেশি কিছু নয়।

**

২০

বাবাকে চিঠি

যখন ভগত সিংহের মামলা অন্তিম চরণে ছিল, ওনার বাবা সর্দার কিশন সিংহ ট্রাইব্যুনলকে একটা লিখিত অনুরোধ পাঠান, তাতে উনি বলেন যে এরকম অনেক তথ্য আছে যা প্রমাণিত করে যে তাঁর ছেলে নির্দোষ। উনি আরও অনুরোধ করেন যে তার ছেলেকে তার নির্দোষিতা প্রমান করার সুযোগ দেওয়া হোক। যখন ভগত সিংহ এ বিষয়ে জানতে পারলেন উনি প্রচন্ড রেগে যান আর এই প্রত্যয়জনক চিঠি নিজের বাবাকে লেখেন, ওনার এই ব্যবহারের প্রতিবাদ করে।

অক্টোবর ৪, ১৯৩০
আমার আদরের বাবা,

আমি হতবুদ্ধি হয়ে গিয়েছি এটা জেনে যে তুমি স্পেশাল ট্রাইব্যুনালের সদস্য দের কাছে একটা পিটিশন দিয়েছো আমার প্রতিরক্ষার জন্য। এই ভাবনাটা আমার কাছে একটা বড় ধাক্কা, যেটার সমান ভাবের তর্ক আমি তোমাকে দিতে পারছি না। এটা আমার মস্তিষ্কের ভারসাম্য গোলমাল করে দিয়েছে। আমি বুঝতে পারছিনা, তুমি কি ভেবে এই পিটিশন দিলে তাও এই সময় আর এই পরিস্থিতিতে। বাবা হিসেবে তোমার সবরকম সমবেদনা আর অনুভূতির পরেও, আমার মনে হয়না, যে আমার দিক থেকে আমাকে জিজ্ঞেস না করে তুমি এইরকম একটা কান্ড করার অধিকারী। তুমি জান যে রাজনৈতিক ক্ষেত্রে তোমার আর আমার বিচারধারা মেলে না, আমি এযাবত স্বতন্ত্র ভাবেই তোমার স্বীকৃতি বা অস্বীকৃতি ছাড়াই কাজ করে এসেছি। আমি আশাকরি তুমি মনে করতে পারবে প্রথম থেকে তুমি আমাকে

আমার মামলা সতর্কভাবে আর নিজেকে প্রতিরক্ষা করে লড়ার জন্য বুঝিয়েছ। কিন্তু তুমি এও জানো যে আমি তার প্রতিবাদ করেছি।

আমি কোনসময় নিজের প্রতিরক্ষার জন্য আগ্রহী ছিলাম না, আর আমি সেভাবে কিছু ভাবিনি। যদি এটা একটা অস্পষ্ট আদর্শবাদ বা আমার কাছে আমার দিকটা বলার জন্য তর্ক আছে, এটা অন্য প্রশ্ন আর এখন সেটা নিয়ে আলোচনা করা যায় না।

তুমি জানো যে আমরা একটা নিশ্চিত নীতি নিয়ে এই ট্রায়ালে এগোচ্ছি। আমার প্রত্যেকটা কার্যপদ্ধতি নীতি অনুসারে (আমার ধারণা আর কার্যক্রম) ঐক্য রাখার মতন হওয়া উচিত। এখন পরিস্থিতি একেবারেই আলাদা, কিন্তু যদি পরিস্থিতি অন্যরকমও হত, আমি সেই শেষ মানুষ হতাম যে প্রতিরক্ষার কথা বলত। আমার শুধু একটাই ধারণা সম্পূর্ণ ট্রায়ালের সময় ছিল, সেটা আমাদের বিপক্ষে দেওয়া সঙ্গিন অভিযোগের প্রতি পুরোপুরি ভিন্নতা। আমার চিরকালের মত যে রাজনৈতিক কাজে যারা লিপ্ত তাদের অন্য ভাবে ভাবা উচিত আর আইনের লড়াইকে কোর্টের বিষয়ে চিন্তাই করা উচিত নয় আর তাদের ওপর কতই বড় দোষ আর শাস্তি হোক, সেটাকে সহ্য করা উচিত। তারা নিজেদের কে ডিফেন্ড করুক কিন্তু পুরোপুরি রাজনৈতিক বিবেচনা দিয়ে, আর নিজেদের নিজস্ব মতামত দিয়ে নয়। আমাদের এই ট্রায়ালে এই নীতি অবিচলিত এই ধারণার সঙ্গে, আমরা সফল হই বা না হই সেটা বিবেচনা করা আমার কাজ নয়। আমরা আমাদের কর্তব্য কোনো আগ্রহ ছাড়াই করে যাচ্ছি।

লাহোর কন্সপিরেসি অর্ডিন্যান্সের মামলার বক্তব্যর সঙ্গে ভাইসরয় বলেছেন যে যারা এই মামলায় দোষী তারা আইন এবং নিয়মের অবমাননা করেছে। এই পরিস্থিতিটা আমাদের সামনে একটা সুযোগ দিয়েছে যে আমরা জনসাধারণকে জানাতে পারি যে আমরা আইনের অবমাননা করছি বা অন্যরা তা করছে। হতে পারে জনসাধারণ আমাদের সঙ্গে একমত নয়। তুমিও তাদের মধ্যে একজন। তার মানে এই নয় যে এই রকমের কাজ তুমি করবে, আমাকে না জানিয়ে বা আমার স্বীকারোক্তি না নিয়ে।

আমার জীবন এমন কিছু মূল্যবান নয়, অন্ততঃ আমার কাছে তো নয়, যেটা তুমি হয়ত ভাবছো, এটা মোটেও নিজের নীতির বদলে কেনার মত মূল্যবান নয়। আমার সঙ্গে অনেক কমরেডসরা আছেন যাদের মামলাও আমারই মত গম্ভীর।

আমরা একটা নিজেদের নীতি নিয়েছি আর শেষ পর্যন্ত তাতেই অডিগ থাকবো। কোন ব্যাপার নয়, তার জন্য আমাদের কত দাম দিতে হয়।

বাবা, আমি খুব বিভ্রান্ত। আমার ভয় যে আমি হয়ত সৌজন্যতার নীতি ভুলে গেছি আর আমার ভাষা কিছুটা কঠোর হয়ে গিয়েছে তোমার এই কাজগুলোকে নিন্দা করতে গিয়ে বা বিবাচক হতে গিয়ে। আমাকে অকপটে বলতে দাও। আমার মনে হচ্ছে আমাকে পেছন থেকে ছুরি মারা হয়েছে। যদি অন্য কেউ এটা করত, আমি সেটা ধোখা ছাড়া আর কিছু ভাবতাম না। কিন্তু তোমার ব্যাপারে, আমাকে বলতে দাও, এটা একটা দুর্বলতা, একটা নিম্ন শ্রেণীর দুর্বলতা।

এই সময় যখন সবার ধাত পরীক্ষা হচ্ছে, আমি বলছি বাবা, তুমি অসফল। আমি জানি তুমি অন্যদের মতনই একজন দেশপ্রেমিক, যতটা হওয়া দরকার। আমি জানি তুমি তোমার জীবন ভারতের স্বাধীনতার জন্য ব্যবহার করেছ। কিন্তু কেন, এই মুহূর্তে, তুমি এইরকম দুর্বলতা দেখালে? আমি বুঝতে পারছিনা।

শেষে, আমি তোমাকে আর আমার বন্ধুদের আর সবাইকে যারা আমার মামলায় আগ্রহী তাদেরকে জানাতে চাই যে আমি তোমার এই কাজটা সমর্থন করিনা। আমি এখনও নিজের ডিফেন্সের জন্য কোন কিছু করার আগ্রহী নই। এমনকি যদি আমার কোন দোষী সাবস্ত হওয়া বন্ধু কোর্টে ডিফেন্সেসর জন্য পিটিশন দেয়, সেটা স্বীকৃত হয়, তাহলেও আমি আমাকে ডিফেন্ড করবো না। আমার আবেদন পত্র ট্রাইব্যুনলে জমা করেছি, সেটা ভুখ হড়তালের সময় আমার দেওয়া ইন্টরভিউর ব্যাপারে, যেটাকে ভুল অর্থ বার করে প্রেসে ছাপানো হয়েছে যে আমি নাকি ডিফেন্স এর জন্য প্রস্তাব দেবো, যখন কি না সত্যিতে আমি কোন সময়েই এরকম প্রস্তাবের জন্য ইচ্ছুক নই।

আমি আজও সেই মতই বহন করি যা আগে করতাম। আমার বন্ধুরা যারা আমার সাথে বোরস্টল জেলে আছে, তারা আমার দিক থেকে এটাকে ছল আর ধোখা মনে করছে। আমি তাদের সামনে নিজের অবস্থানটা বলার সুযোগও পাচ্ছি না।

আমি চাই যে জনগণ সব বিবরণ আর জটিলতা এই বিষয়ে জানুক আর তাই আমার তোমাকে অনুরোধ যে এই চিঠি প্রকাশিত কোরো।

তোমার আদরের ছেলে
ভগত সিংহ

**

কিশন সিংহ, ভগত সিংহের বাবা

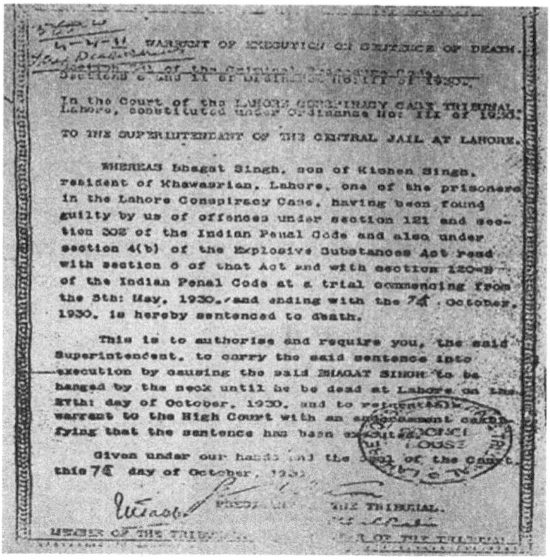

WARRANT OF EXECUTION ON SENTENCE OF DEATH.

In the Court of the LAHORE CONSPIRACY CASE TRIBUNAL, Lahore, constituted under Ordinance No: III of 1930.

TO THE SUPERINTENDENT OF THE CENTRAL JAIL AT LAHORE.

WHEREAS Bhagat Singh, son of Kishen Singh, resident of Khawasrian, Lahore, one of the prisoners in the Lahore Conspiracy Case, having been found guilty by us of offences under section 121 and section 302 of the Indian Penal Code and also under section 4(b) of the Explosive Substances Act read with section 6 of that Act and with section 120-B of the Indian Penal Code at a trial commencing from the 5th: May, 1930, and ending with the 7th October, 1930, is hereby sentenced to death.

This is to authorise and require you, the said Superintendent, to carry the said sentence into execution by causing the said BHAGAT SINGH to be hanged by the neck until he be dead at Lahore on the 27th: day of October, 1930, and to return this warrant to the High Court with an endorsement certifying that the sentence has been executed.

Given under our hands and the seal of the Court this 7th day of October, 1930.

PRESIDENT OF THE TRIBUNAL.

MEMBER OF THE TRIBUNAL. MEMBER OF THE TRIBUNAL.

ভগত সিংহের মৃত্যুর ওয়ারেন্ট

২১

বি. কে. দত্ত কে চিঠি

"এই চিঠি,ভগত সিংহের বন্ধুদের কাছ থেকে কি আশা ছিল যারা ফাঁসির শাস্তি থেকে রেহাই পেয়েছিল, তার একটা আভাস দেয়।"

সেন্ট্রাল জেল, লাহোর
নভেম্বর ১৯৩০

প্রিয় ভাই,

বিচার দেওয়া হয়ে গেছে। আমাকে মৃত্যুদণ্ড দেওয়া হয়েছে। এই সব সেলে অনেকেই আছে,আমাকে ছাড়া যারা ফাঁসির অপেক্ষা করছে। এই সব লোকেদের শুধু একটাই প্রার্থনা যে কোনমতে ওরা এই ফাঁদের থেকে পালাতে পারে। বোধহয় আমিই একমাত্র লোক তাদের মধ্যে যে অধীরতা সঙ্গে সেই দিনের অপেক্ষা করছে যেদিন আমার আদর্শের জন্য আমি ফাঁসির দড়ি গলায় পরার সৌভাগ্য পাব।

আমি খুশি-খুশি ফাঁসি কাঠে উঠবো আর বিশ্বকে দেখিয়ে দেব যে বিপ্লবীরা নিজের আদর্শের জন্য কত সাহসের সঙ্গে নিজেদের বলিদান দেয়।

আমার মৃত্যুদণ্ড হয়েছে কিন্তু তোমাকে বিচারে জীবন কে এগিয়ে নিয়ে যাবার শাস্তি হয়েছে। তুমি বেঁচে থাকবে আর বেঁচে থাকার দরুন, তুমি বিশ্ব কে দেখাবে যে বিপ্লবীরা তাদের আদর্শের জন্য শুধু মৃত্যু বরন করে না বরং তারা যে কোন বিপর্যয়ের সম্মুখীন হতে পারে। মৃত্যু, পৃথিবীর সমস্যাগুলো থেকে বাঁচার রাস্তা নয়। যে বিপ্লবীরা নিজের আদর্শের জন্য ফাঁসি থেকে বাঁচার সুযোগ পেয়েছে, তাদের কিন্তু অন্ধকার নোংরা বন্দি সেলে আরও বাজে রকমের যন্ত্রনা সহ্য করতে হবে।

তোমার
ভগত সিংহ

**

২২

জয়দেব গুপ্তা কে চিঠি

"ভগত সিংহ এই চিঠি তার কাছের বন্ধু, জয়দেব গুপ্তা কে কিছু বই পাঠাবার জন্য লেখেন, যে ওনার স্কুলের বন্ধু ছিল। এটাতে একটা ধারণা পাওয়া যায় যে উনি কি ধরণের বই জেলে পড়তেন। এতে এটাও জানা যায় যে উনি নিজের কমরেডদের বুদ্ধিমতার উন্নতির জন্য কতটা আগ্রহী ছিলেন।"

লাহোর সেন্ট্রাল জেল
২৪. ৭. ৩০

আমার প্রিয় জয়দেব,

প্লিজ, আমার নামে নিচে লেখা বইগুলো দ্বারকাদাস লাইব্রেরির থেকে নিয়ে রবিবার কুলবীরের হাতে পাঠিয়ে দিও।

মিলিট্যারিজম (কারি লিবকনেচ), হোয়াই মেন্ ফাইট (বি. রসেল)
সোভিয়েটস এট ওয়ার্ক কোল্যাপ্স অফ দ সেকেন্ড ইন্টরন্যাশন্যাল
লেফট-উইং কম্যুনিজম মিউচুয়ল এড (প্রিন্স ক্রোপোটকিন)
ফিল্ডস, ফ্যাক্টরিস এন্ড ওয়ার্কশপস, সিভিল ওয়র ইন ফ্রান্স (মার্কস)
ল্যান্ড রিভোলিউশন ইন রাশিয়া স্পাই (অপটন সিনক্লেয়র)

প্লিজ আর একটা বই পাঞ্জাব পবলিক লাইব্রেরির থেকে পাঠিও:
হিস্টরিকল মটেরিয়লিজম (বুখারিন)।

তাছাড়া, প্লিজ লাইব্রেরিয়ন এর কাছে খবর নাও কি কিছু বই বোর্সতাল জেলে পাঠানো হয়েছিল কি না। ওদের ওখানে বইর আকাল। ওরা সুখদেবের ভাই জয়দেবের হাতে একটা বইর লিস্ট পাঠিয়েছিল। ওরা এখন পর্যন্ত কোন বই পায়নি। যদি এমন হয় যে ওদের কাছে কোন লিস্ট নেই, তাহলে প্লিজ লালা ফিরোজ চাঁদ কে বোলো কিছু ওনার পছন্দমত ইন্টরেষ্টিং বই পাঠাতে।

বইগুলো যেন আমি ওখানে রবিবারে যাবার আগে পৌঁছে যায়। এই কাজটা একান্ত জরুরি এটা মাথায় রেখো।

পাঞ্জাব পিস্যান্ডস ইন প্রসপ্যারিটি এন্ড ডেট, ডার্লিং এর লেখা, এটাও পাঠিও আর এইরকম কয়েকটা বই ডাঃ আলমের জন্য, আশা করি এই সমস্যার জন্য তুমি আমাকে ক্ষমা করবে। আমি তোমাকে কথা দিচ্ছি ভবিষ্যতে তোমাকে আর কষ্ট দেবো না। আমার সব বন্ধুদের মনে পরে আর লজ্জাবতী কে আমার শ্রদ্ধা জানিও। আমি ঠিক জানি যদি দত্তর বোন আসে তাহলে আমার সাথে দেখা করতে ভুলবে না।

উইথ রিগার্ডস
ভগত সিংহ

**

২৩

স্বপ্নের দেশের প্রস্তাবনা

"লালা রাম শরণ দাস, প্রথম লাহোর কন্সপিরেসি কেসে ১৯১৫ যাবজ্জীবন কারাদণ্ড পেয়েছিলেন। তিনি যখন সালেম সেন্ট্রাল জেলে, ম্যাড্রাস প্রেসিডেন্সিতে ছিলেন, সেই সময় তিনি পদ্যের একটা বই লেখেন যার নাম ছিল 'ড্রিম ল্যান্ড'। উনি ভগত সিংহ কে পান্ডুলিপিটা পাঠিয়েছিলেন বইর ভূমিকা লেখার জন্য। ভগত সিংহ, রাম শরণ দাসের উৎসাহের প্রশংসা করেছিলেন, সঙ্গে ওনার বিপ্লবের সমস্যার প্রতি কাল্পনিক পন্থাগুলো নিয়ে সমালোচনাও করেছিলেন। উনি ঈশ্বর, ধর্ম, হিংসা আর অহিংসা, অধ্যাত্মিকবাদ, সাহিত্য কবিতা ইত্যাদির ওপর নিজের মতামত দিয়েছিলেন।"

আমার উদার বন্ধু, রাম শরন দাস, ওনার পদ্যে রচিত 'দ ড্রিমল্যান্ডের' প্রস্তাবনা লেখার অনুরোধ করেছেন। আমি না একজন কবি, না সাহিত্যিক, না আমি সংবাদদাতা না সমালোচক। তাই আমি ওনার এই দাবির ন্যায্যতা কোনভাবেই কল্পনা করতে পারছি না। কিন্তু আমি যে পরিস্থিতে আছি, তাতে আমি কোনমতেই লেখক যে প্রশ্নগুলির তর্ক দিয়েছেন সেগুলো নিয়ে আলোচনার সুযোগ হারাতে চাই না। তাই কোন বিকল্প নেই , আমি আমার বন্ধুর ইচ্ছে পূরণ করছি।

যেমন এটা সত্যি আমি কবি নই, আমি সেইভাবে এটার আলোচনার করব না। আমার সত্যি ছন্দের বিষয়ে কোন জ্ঞান নেই, তাই জানিনা ছন্দ সম্বন্ধীয় মানদন্ডে সেটা ঠিক হবে কি না। না আমি সাহিত্যকার আমি এটাকে সেভাবে ভাবতে পারব না যে এটার রাষ্ট্রীয় সাহিত্যে সঠিক স্থান কি হবে।

আমি, একজন রাজনৈতিক কর্মী হিসেবে শুধু ওই বিন্দু গুলো নিয়ে আলোচনা করতে পারি। কিন্তু এখানেও একটা ফ্যাক্টর আমার কাছে সত্যিতে খুব অসুবিধা সৃষ্টি করছে বরং অসম্ভব করে তুলছে। নিয়ম অনুযায়ী সেই ব্যক্তির ভূমিকা লেখা উচিত যে লেখকের কাজের সঙ্গে সহমত। আমি আমার বন্ধুর চোখে, চোখ রেখে সব বিষয়ে কথা বলতে পারছি না। কিন্তু এখানে ব্যাপারটা একটু আলাদা। উনি জানেন যে আমি ওনার সঙ্গে অনেক বিশিষ্ট বিন্দুতে অন্য মতামত রাখি। তাই আমার লেখাটা মোটেই ভূমিক হবে না। এটা প্রায় একটা সমালোচনা হতে পারে, আর এর স্থান বইর প্রথমে না হয়ে, শেষের দিকে হবে।

রাজনৈতিক ক্ষেত্রে 'দ ড্রিমল্যান্ড'একটা মহত্বপূর্ণ স্থান রাখে। বর্তমানের পরিস্থিতে এটা এই আন্দোলনে অনেক শূন্য স্থান ভরতে পারে। সত্যি দেখতে গেলে, সব রাজনৈতিক আন্দোলন, যা আমাদের আধুনিক ইতিহাসে হয়েছে সেগুলো লক্ষ্য পর্যন্ত পৌঁছতে পারেনি, যা আমরা চেয়েছিলাম। বিপ্লবও তার থেকে কোন আলাদা নয়। আমার পুরো শক্তি দিয়েও আমি একটাও এরকম কোন বৈপ্লবিক পার্টি পাইনি যাদের এই ধারণা আছে যে তারা কি জন্য লড়াই করছে, একমাত্র গদর পার্টি ছাড়া, যারা ইয়ু.এস.এ. এর সরকার দ্বারা প্রেরিত, সোজা কথায় তারা বর্তমান সরকারকে সরিয়ে একটা গণতান্ত্রিক সরকার চায়। অন্যান্য সবই পার্টিরা চায় বিদেশী শাসকদের সরানো হোক, তার জন্য লড়াই, বিচারটা প্রশংসনীয় কিন্তু সেটাকে বিপ্লবী বিচার বলা যায় না। বিপ্লব মানে শুধু বিবাদের সৃষ্টি বা ওঠা নামা নয়, বিল্পব নিশ্চিত ভাবে একটা অগ্রধারণার ওপরে নির্ভর করে। বর্তমান শাসন কে পূর্ণভাবে উচ্ছেদ করে, তার থেকে ভাল, নতুন ভাবে সমাজের পুনর্গঠনের নিয়মমত গ্রহণ করাটা আসল বিপ্লব।

রাজনৈতিক ক্ষেত্রে লিবরলসরা চায় বর্তমান সরকারের কাছ থেকে কিছু সংস্কার, যখন কিনা চরমপন্থীরা এই উদ্দেশ্যে মৌলভাবে নিযুক্তি দ্বারা একটু বেশি দাবি করে। বিপ্লবীদের মধ্যে একটা বিচারধারা, মানে বিদেশী শক্তিকে উপড়ে ফেলার চরম আকাঙ্খাটা বেশি পছন্দ। এতে কোন সন্দেহ নেই, কিছু এমন আছেন যারা এসবের দ্বারা জোর করে কিছু সংস্কার আদায় করার পক্ষে, এই সব আন্দোলনকেই বিপ্লব বলে চিহ্নিত করা ঠিক হবে না।

কিন্তু এল. রাম শরণ দাস প্রথম বিপ্লবী যাকে যথাবিধি পাঞ্জাবে একজন বাঙালি পলাতকের দ্বারা ১৯০৮ এ নিযুক্ত করা হয়। তখন থেকে তিনি বিপ্লবের আন্দোলন গুলোর সঙ্গে যুক্ত আর শেষে গদর পার্টি তে ঢোকেন, কিন্তু উনি

নিজেদের আন্দোলনের পুরোনো ধারাগুলোই পোষণ করছিলেন। এটাতে আর একটা চমকপ্রদ ব্যাপার আছে, এল.রাম শরণ দাসের ১৯১৫ তে ফাঁসির শাস্তি হয় যেটা পরে লাইফ ট্রান্সপোর্টেশন এ পরিবর্তিত হয়ে যায়। আজ, একটা বন্ধ সেলের মধ্যে বসে আমি পাঠকদের কর্বত্যমূলক ভাবে বলতে পারি যে আজীবন কারাদণ্ড মৃত্যুর থেকে অনেক বেশি কঠিন। এল. রাম শরণ দাস চোদ্দ বছর বন্দি অবস্থায় কাটিয়েছেন। দক্ষিণ ভারতের কোনো জেলে বসে উনি এই কবিতাটা লিখেছেন। ওনার কবিতায় ওনার মানসিক অবস্থা আর সংগ্রাম ফুটে উঠেছে সেটা ওনার কবিতাকে আরও সুন্দর আর আকর্ষণীয় করে তুলেছেন। কবিতা লেখার আগে উনি কিছু হতাশাজনক মানসিক অবস্থার বিরুদ্ধে সংঘর্ষ করেছিলেন। ওই দিন গুলোতে ওনার অনেক কমরেডরা অঙ্গীকার ছেড়ে দিয়েছিলেন আর এই প্রলোভনতা সবার জন্যই আর ওনার জন্যও খুব শক্তিশালী ছিল, আর তার সাথে তার স্ত্রীর এবং বাচ্ছাদের স্মৃতি ওনার কাজ টাকে আরও দুঃখজনক করে তুলেছিল। তাই আমরা তার শুরুর প্যারাগ্রাফেই তার ঝলক দেখতে পাই :

"স্ত্রী বাচ্চারা, বন্ধুরা আমাকে ঘিরে আছে
বিষাক্ত সাপেরা চারিদিকে"

প্রথম দিকে তিনি দর্শন নিয়ে আলোচনা করেছেন, এই দর্শন বেঙ্গল এবং পাঞ্জাবের বিপ্লবী আন্দোলনের শিরদাঁড়া। এইখানে আমার ওনার সাথে অনেকটা মতের অমিল। ওনার ব্রহ্মান্ড বিষয়ে ধারণা পরমকারণমূলক এবং আধিভৌতিক, যেটা আমি একজন ভৌতিকবাদী হিসেবে ভাবি যে ব্যাপারটা আকস্মিক। সে যাই হোক, এটা এই স্থানে অনুপযুক্ত বা পুরাতন নয়। আমাদের দেশে যেটা সাধারণ আদর্শ, ওটারই অনুরূপ উনি ব্যাক্ত করেছেন। নিজের নিরাশায় ভোগা মানসিকতার সঙ্গে যুদ্ধ করার জন্য উনি প্রার্থনাকে অবলম্বন করেছেন, যার প্রধান প্রমান ওনার বইর প্রথম দিকটা ঈশ্বরকে সমর্পিত,তাঁর প্রশংসা, তাঁর পরিভাষা, ঈশ্বরে বিশ্বাস রহস্যবাদের আকার নিয়েছে যেটা আশাহীন মানসিকতার থেকে এসেছে। এটা এইভাবে যে জগত একটা 'মায়া' বা 'মিথ্যা', একটা কল্পকাহিনী, এটা পুরোপুরি রহস্যবাদ, যেটা প্রাচীন হিন্দু ঋষিদের দ্বারা আবিষ্কৃত এবং বিকশিত, যেমন শঙ্করাচার্য এবং অন্যান্যরা বলে গিয়েছেন। কিন্তু বস্তুবাদী দর্শনে, এই রহস্যবাদ কোনমতেই দুঃখজনক বা অবজ্ঞা করার মতন নয়। এটা নিজের মতন করে কাজ করছে। একটাই পার্থক্য যে সমাজতান্ত্রিক সমাজ আশা করে যে মাথা খাটিয়ে কাজ করে যারা তাদেরকে শ্রমকর্মীদের থেকে উচ্চ স্তরের মনে করা না হোক।

এল. রাম শরণ দাসের মুক্ত শিক্ষার বিষয়টা সত্যিই বিচার করার মতন, আর রাশিয়ার সমাজতান্ত্রিক সরকার কিছুটা এই ধারাটাই গ্রহণ করেছে।

ওনার অপাধারের বিষয়ে ধারণাটা সত্যিই অনেকটা অগ্রগামী 'স্কুল অফ থট'। অপরাধ সমাজের একটা গম্ভীর সমস্যা, যেটা কৌশল করে চিকিৎসা প্রয়োজনীয়। উনি নিজের জীবনের ভাল সময়টাই জেলে কাটিয়েছিলেন। ওনার ব্যবহারিক অনুভব আছে। এক জায়গায় উনি জেলে যে ভাবে বলা হয় ঠিক সেই ভাবেই,'দ লাইট লেবর','দ মিডিয়ম লেবর' আর দ হার্ড লেবর' ইত্যাদি কথাগুলো নিয়েছেন।

সমাজতান্ত্রিকরা যা পরামর্শ দেয় ঠিক সেইভাবে উনিও বলেছেন শাস্তির আধার প্রতিশোধ বা বদলা না হয়ে সংস্কার সাধক ধারণা হওয়া উচিত। ন্যায়ের পরিচালনার দিশানির্দেশক নীতি, দন্ড দেওয়া নয় বরং পুনরুদ্ধার হওয়া উচিত। জেলগুলি সংস্কারসাধক হওয়া উচিত, যথার্থ নরক নয়। এই সম্বন্ধে পাঠকদের রাশিয়ন জেল প্রণালী পড়া উচিত।

যখন উনি সামরিক শক্তির কথা লিখছেন উনি যুদ্ধ নিয়েও আলোচনা করেছেন। আমার মতে যুদ্ধ যদি একটা প্রতিষ্ঠান হয় তাহলে ইন্সাক্লোপিডিয়ার কয়েকটা পাতাতেই তার কথা যথেষ্ট, আর যুদ্ধ সামগ্রী কোন পরস্পর বিরোধী বা বিভিন্ন রকমের স্বার্থ দ্বারা সুসজ্জিত হওয়া ঠিক নয় যা যুদ্ধের কারণ হয়ে উঠতে পারে।

খুব বেশি হলে আমরা বলতে পারি যে যুদ্ধকে পরিবর্তনসূচক সময়ের জন্য আমরা একটা প্রতিষ্ঠান হিসেবে রাখতে পারি। আমরা বর্তমান রাশিয়ার উদাহরণের দ্বারা এটা সহজেই বুঝতে পারি। সেখানে এখন সর্বহারাদের একনায়কত্ব চলছে, যারা একটা সমাজতান্ত্রিক সমাজের গঠন চাইছে। সঙ্গে-সঙ্গে পুঁজিবাদী সমাজ থেকে বাঁচার জন্য তাদের একটা সেনাদলও রাখতে হচ্ছে। কিন্তু এখানে যুদ্ধের লক্ষটা কিন্তু আলাদা। রাজতন্ত্রের কাছে কিন্তু আমাদের স্বপ্নের দেশ কে যুদ্ধে সক্রিয় করার কোন পরিকল্পনা নেই। কোনো যুদ্ধে জেতার ট্রফি নেই। বিদ্রোহী সেনারা অন্য জায়গায় গিয়ে সেখানকার শাসকদের সিংহাসন থেকে নামাতে যাচ্ছে না আর মজদুরদের রক্তচোষা শোষণ থেকে মুক্তি দিতে যাচ্ছে না। তাই সেখানে কোন পুরোনো দেশীয় বা জাতীয় ঘৃণা আমাদের লোকেদেরকে যুদ্ধ করার প্রেরণা দিচ্ছে না।

বিশ্ব সংঘ সবথেকে জনপ্রিয় এবং যাঁরা স্বতন্ত্র ভাবে চিন্তা করেন তাদের জন্য প্রতক্ষ্য জিনিস, আর লেখক সেই বিষয়ে বিস্তৃত বর্ণনা করেছেন, তাঁর 'লীগ অফ নেশন্স' নিয়ে আলোচনা সুন্দর।

একটা ফুটনোটে, প্যারা ৫৭১ (৫৭২) র অন্তর্গত লেখক যদিও অল্প তবে ছুঁয়েছেন, প্রশ্ন করার পদ্ধতীর ওপর। তিনি বলেছে: "এইরকম রাজ্য, শারীরিক হিংসাত্মক বিপ্লব দ্বারা প্রাপ্ত করা সম্ভব নয়। এটা সমাজের ওপরে বিনা কোন ভিত্তিতে চাপানো যায়না। এটা ভেতর থেকে আসা উচিত ...

এটা বিবর্তনের ক্রমশঃ পদ্ধতি দ্বারা আনা যেতে পারে, সেটা উপরোক্ত লাইন অনুসারে লোকেদেরকে শিক্ষিত করার দ্বারাই সম্ভব ইত্যাদি।" এই স্টেটমেন্টে কোন বিসঙ্গতি নেই। এটা ঠিক, কিন্তু পুরোভাবে তার বর্ণনা করা হয়নি, তাই সেটা কিছু ভুল ধারণা বা তার থেকেও নিম্ন কোন ভ্রান্তি লোকেদের মধ্যে ছড়াতে পারে, এতে কি এই মনে হয় যে আমি ... এল. রাম শরণ দাসের বল এর ধর্ম কে নিরর্থক মনে করে নিয়েছি ? উনি কি প্রচলিত অহিংসার বিশ্বাসী ? না এটার মানে তা নয়।

আমাকে বোঝাতে দিন যে ওপরে লেখা কথার সারতত্ব কি। বিপ্লবীরা অন্যদের থেকে অনেক বেশি ভালো ভাবে জানে যে সমাজতান্ত্রিক সমাজ হিংসা দ্বারা গঠন করা যায়না, বরং এটা ভেতর থেকে উঠে আসা উচিত। লেখক শিক্ষা কে একমাত্র অস্ত্র হিসেবে ধরেছেন কিন্তু প্রত্যেকে সামান্য ভাবেই বুঝতে পারবে যে বর্তমান সরকার বা বলতে গেলে পুঁজিবাদী সরকার এ প্রচেষ্টায় কোন সাহায্য করবে না, বরং এটার উল্টো, এটাকে চাপা দেওয়ার জন্য নির্মম চেষ্টা করবে। তাহলে তার 'বিবর্তন' কি ভাবে সম্ভব? আমরা বিপ্লবীরা নিজের হাতে শক্তিকে কব্জা করার জন্য চেষ্টা করছি, আর একটা বিপ্লবী সরকার তৈরি করতে চাইছি, যে নিজের সব রকমের উৎস কে জনগণের শিক্ষার জন্য ব্যবহার করবে, যেরকমটা রাশিয়াতে হচ্ছে। শক্তিগ্রহন করার পর, নির্মাণ কাজ শান্তিপূর্ণ পদ্ধতিতে করা হবে, বল কে বাধা দূর করার জন্য ব্যবহার করা হবে। এটাই যদি লেখক নিজের লেখায় অর্থ করে থাকেন, তাহলে আমরা একমত। আর আমার বিশ্বাস তিনি তাই করতে চেয়েছেন।

আমি বইটা নিয়ে অনেকটা লিখলাম। আমি তার সমালোচনাও করেছি, কিন্তু আমি এতে কোন পরিবর্তন চাইবো না, কেননা এর একটা ঐতিহাসিক মূল্য আছে। এগুলো ১৯১৪-১৫ এর বিপ্লবীদের ধারণা ছিল।

আমি এই বইটির জন্য যুবকদের বিশেষ করে সিফারিশ করছি কিন্তু একটা সতর্কতার সঙ্গে। কৃপা করে এটাকে অন্ধের মতন অনুসরণ বা এতে যা লেখা আছে সবটাই ঠিক ধরে নেবার জন্য বইটা পড়বে না। এটা পড়, সমালোচনা কর, এটার ওপরে ভাবো, এটার সাহায্যে নিজের বিচার বিবেচনা তৈরি কর।

**

২৪

হরি কিষন মামলায় লাইন অফ ডিফেন্স সম্বন্ধে

> "ডিসেম্বর ২৩, ১৯৩০, যখন পাঞ্জাবের গভর্নর লাহোরে ইউনিভার্সিটি হল থেকে কনভোকেশন ব্যাখ্যান দিয়ে বেরোচ্ছিলেন, হরি কিশন তাকে গুলি করে৷ একজন মারা যায় আর গভর্নর একটু আহত হন৷ ট্রায়ালের সময় হরি কিশনের ডিফেন্স উকিল বলেন যে হরি কিশনের গভর্নর কে মারার কোন উদ্দেশ্য ছিল না, ও শুধু একটা ওয়ার্নিং দিতে চেয়েছিল৷ ভগত সিংহ এই লাইন অফ ডিফেন্স এর বিরোধ করেন, উনি বাইরে থাকা এক বন্ধুকে চিঠি লেখেন আর বিপ্লবী - মামলাগুলি কি ভাবে পরিচালিত করা উচিত সেই বিষয়ে মতামত দেন৷ জুন ১৯৩১ এ এই চিঠি 'দ পিপল এ' প্রকাশিত হয়৷"

আমি অত্যন্ত দুঃখিত যে আমার শেষ চিঠিটা এই সম্বন্ধে লেখা, সময় মত গন্তব্যে পৌঁছয়নি৷ তাই তার কোন দরকার নেই, বা যা লেখা হয়েছিল সেটা উদ্দেশ্যতে কোন কাজে লাগলো না৷ তাই, আমি এই চিঠিটা লিখছি যাতে ডিফেন্সের প্রশ্নে, সাধারণ রাজনৈতিক মামলা বা বিপ্লবীদের মামলায় বিশেষকরে আমার কি মত তোমাদের জানাতে পারি৷ ওই চিঠিতে লেখা বিন্দুগুলো ছাড়া এটা আর একটা দস্তাবেজ প্রমান হবে যে ওই ঘটনার পর আমি বেশি বুদ্ধিমান হয়ে উঠিনি৷

যাই হোক, আমি চিঠিতে লিখেছিলাম যে উকিল যে আবেদন ডিফেন্স কে দিচ্ছে, সেটা গৃহীত হওয়া উচিত নয়৷ কিন্তু সেটা হয়েছে, তোমার, আমার

বিরোধের পরেও। তবুও, আমরা এখন এই ব্যাপারটা আলোচনা করতে পারি আর ভবিষ্যতে ডিফেন্সের সম্বন্ধে কিছু নিশ্চিত ধারণা প্রণয়ন করতে পারি।

তোমরা জানো যে রাজনৈতিক দোষীদের রক্ষা করার পক্ষে আমি কখনও ছিলাম না। বরং এতে আসল সংঘর্ষের আভাসের সৌন্দর্যটাই নষ্ট হয়ে যায়। (প্লিজ ভেবোনা যে সৌন্দর্য কথাটা অমূর্ত ভাবে নেওয়া কিন্তু আমি বলতে চাইছি ওই বিশেষ কাজে যে কর্মপ্রেরণা তার উদ্দেশ্যটা নষ্ট হয়ে যায়)। আমি যখন বলি যে প্রত্যেকটা রাজনীতিকের উচিত নিজেকে রক্ষা করা, কিন্তু সেখানে আমার কিছু বর্জনেরও আছে। এটা একটা ব্যাখ্যা দিয়ে স্পষ্ট হয়ে যাবে। একটা লোক একটা ধারণা মাথায় রেখে কোন কাজ করেছে। ওর এরেস্ট হওয়ার পর ওর কাজের পেছনে যে রাজনৈতিক তাৎপর্য্য ছিল সেটা যেন খর্ব না হয়। অপরাধী যেন কৃতকার্য্যর থেকে বেশি মহত্বপূর্ণ না হয়। এটাকে আরও বিশদ ভাবে বলি, তার ব্যাখ্যার সাহায্যে। হরি কিশন এসেছিল গভর্নর কে মারতে, আমি এর নৈতিক দিকটা চর্চা করতে চাই না। আমি শুধু এই মামলার রাজনৈতিক দিকটা চর্চা করতে চাই। লোকটা ধরা পড়লো, দুর্ভাগ্যবশত সেখানে একজন পুলিশ অধিকারী মারা পড়ল। এখন ডিফেন্সের প্রশ্ন আসছে; যেখানে গভর্নর এই আক্রমণটা কাটিয়ে উঠেছিলেন, সেখানে একটা সুন্দর বক্তব্য এই মামলায় রাখা যেত, সেটা এই যেটা লোয়র কোর্টে বক্তব্য ছিল, আর সেটা আইনের উদ্দেশ্যেও সঠিক করতো। উকিলের বুদ্ধি এবং ক্ষমতা তার কারণের ব্যাখ্যা করার ওপর নির্ভর করে যে কেন একজন সব - ইন্সপেক্টর মারা গেল। ও কি পেল এটা বলে যে খুনি গভর্নর কে মারতে চায়নি আর তার উদ্দেশ্য ছিল বিচক্ষণ মানুষকে সতর্ক করার , এবং এই জাতীয় কথা? কেউ কি এক মুহূর্তের জন্যও এইরকম পরিকল্পনা করতে পারে? এর কি কোন আইনত মূল্য আছে? পুরোপুরি না। তাহলে এই আন্দোলনের আর কার্যকারণের সৌন্দর্য নষ্ট করার কি মানে হয়? সতর্কতা আর নিরর্থক প্রতিবাদ সব সময়ের জন্য চলতে পারে না। সতর্কতা অনেক আগেই দেওয়া হয়ে গেছে। বৈপ্লবিক সংঘর্ষ আরম্ভ অনেকদিন আগেই হয়েছে যখন বৈপ্লবিক পার্টি সাগ্রহে সেটা করতে বলেছে। ভাইসরয়ের ওপর অ্যাকশন এর ধারা না কোন পরীক্ষা ছিল না সতর্কতার জন্য।

সেই ভাবেই হরি কিশনের কাজটা সংঘর্ষের একটা ভাগ ছিল, সতর্কতা ছিল না। এই অসফলতার পরে, দোষী এটাকে স্পোর্টসম্যান স্পিরিটে নিতে পারত। এই উদ্দেশ্যের জন্য সে গভর্নরের ভাগ্যশালী হয়ে বেঁচে জাওয়াটাতে খুশি হতে পারত

। কোন সাধারণ মানুষ কে মারা কোনো উপকারে লাগে না। এই কাজগুলোর একটা রাজনৈতিক মহত্ব আছে, যেটা অন্তিম সংঘর্ষের জন্য মানসিকতা আর বাতাবরণ তৈরী করে, এটাই শেষ। প্রত্যেকের নিজস্ব কাজ জনমানসের নৈতিক বিশ্বাস অর্জন করে। আমরা অনেকসময় এটাকে 'প্রোপাগান্ডা থ্রু ডিড' বলে মনোনীত করি।

এখন জনগণকে রক্ষা করা উচিত কিন্তু সাপেক্ষ্য বিবেচনা করে। এটা হাজার হোক একটা কথা যে সমস্যার সম্মুখীন সব পার্টির সাধারণ নীতি যে তারা পাবে বেশি, ক্ষতি কম হবে। কোনো সাধারণ এই নীতি নিতে পারে না যে সে বড় ত্যাগ করবে, নিজের কাজের থেকে বড় করে। আমার থেকে বেশি কেউ শ্রী হরি কিশনের মূল্যবান জীবনের জন্য বেশি চিন্তিত হবেনা যে কি করে তার জীবন রক্ষা হয়। কিন্তু আমি তোমাদের জানাতে চাই যে কোন জিনিষটা তার জীবন কে এতটা মূল্যবান করেছে, সেটা উপেক্ষা করলে চলবে না। কোনও রকমের জীবন বাঁচানো আমাদের নীতি নয়। এগুলোর ইজি -চেয়ার রাজনেতাদের' নীতি, আমাদের নয়।

অনেক কিছু দোষীর মানসিকতার ওপর নির্ভর করে যে সে কি ভাবে রক্ষার নীতি নেবে, কিন্তু যদি দোষী নিজেই সংকুচিত হতে ভয় না পায় বরং সবসময়ের মতন উৎসাহী হয়, তাহলে তার কাজ যার জন্য সে নিজের জীবনকে রিস্কে ফেলেছিল, সেটাই প্রথমে বিবেচনা করা উচিত, তার নিজস্ব প্রশ্ন গুলো পরে। আবার, এতে ধন্দ থাকতে পারে। এমন কিছু মামলা আছে যাতে কার্যকারণের কোন মহত্ব নেই কিন্তু স্থানীয় মূল্যে সেটা প্রচন্ড। সেখানে দোষীকে নিজের দায়িত্ত্ব নেবার সময় ভাবপ্রবণ হওয়া উচিত নয়, নির্মল কান্ত রাইর বিখ্যাত ট্রায়াল উপযুক্ত উদাহরণ।

কিন্তু এই রকমের মামলায় যেটা বড়, রাজনৈতিক ভাবে গুরুত্বপূর্ণ, নিজস্ব ব্যাপারগুলো, রাজনৈতিক ব্যাপার থেকে বেশি গুরুত্বপূর্ণ হওয়া উচিত নয়। তোমরা যদি আমার খোলাখুলি মত চাও, এই মামলার বিষয়ে, আমি তোমাদের বলছি খোলাখুলি ভাবে এটা একটা রাজনৈতিক হত্যার ঘটনা নয় যার কোন ঐতিহাসিক গুরুত্ব থাকতে পারে, যেটা আইনের বেদিতে দেখানো হচ্ছে।

এখানে আমি আরেকটা ব্যাপারে বলতে চাই, জনগনরা এই মামলার শ্বাসরোধ করার জন্য দায়ী, তাদের ভুল বোঝার জন্য। আরও বোঝদার হবার জায়গায় এই ঘটনার পর তারা তাদের দায়িত্ব ভুলে গেছে সেখানে এই অল্পবয়সী কমরেডের সুন্দর এবং বিস্ময়কর চরিত্র কে তুচ্ছ করে দেখছে। আমি তাদের কথা শুনেছি যে

তারা বলছে শ্রী হরি কিশন এই পরিস্থিতির মোকাবিলা করতে ভয়ে কুঁকড়ে যাচ্ছে। অত্যন্ত লজ্জাকর মিথ্যা। আমি আজ পর্যন্ত ওর মত সাহসী কম দেখেছি।

জনতার আমাদের ওপর দয়া হওয়া উচিত। এর থেকে তো ভাল, ওরা এটাকে পাত্তা দিত না,সেখানে হতাশ আর নিম্ন স্তরের আলোচনা করছে।

উকিলরাও এত নীতিহীন হওয়া উচিত নয় যে তারা অন্যের জীবন শোষণ করবে আর এমনকি অল্পবয়সী লোকেরা যারা মানবতার কষ্ট দেখে তার মুক্তির জন্য, একটা পবিত্র কাজে নিজেদের উৎসর্গ করছে তাদের মৃত্যুকেও শোষণের কারণ বানাবে। আমি সত্যিই ··· না হলে, একজন উকিল এই মামলায় এত অবিশাস্য ফী কি ভাবে নিল?

দেশদ্রোহিতার মামলায়, আমি তোমাদের বলতে পারি যে ডিফেন্স এর সীমা কতটা হওয়া উচিত। গত বছর একজন কমরেড শাস্তি পেয়েছিল সমাজতান্ত্রিক বক্তৃতা দেবার জন্য আর সে যখন দোষী নয় বলে প্রার্থনা জানিয়েছিল, আমরা সবাই সত্যি স্তম্ভিত হয়ে গিয়েছিলাম। এই সব মামলায় আমাদের দাবি হওয়া উচিত ফ্রি স্পীচের অধিকার। কিন্তু যখন এরকম আরোপিত হয় আর সে কিছু বলে না তখন এইরকম আন্দোলনের ওপরে বিপরীত প্রভাব পরে। ভাবো বর্তমান সময়ের আন্দোলনে কংগ্রেস তার সদস্যদের কোন রকম ডিফেন্ড ছাড়াই জেলে যেতে দিচ্ছে, আমার মতে এটা মস্ত বড় ভুল।

যাই হোক, তুমি যদি এই চিঠিটা আর আমার আগে লেখা চিঠিটা পড় তাহলে রাজনৈতিক মামলায় ডিফেন্সের ওপরে আমার ধারণা স্পষ্ট ভাবে বুঝতে পারবে। শ্রী হরি কিশনের মামলায়, আমার মতে হাই কোর্টে আপিল যত তাড়াতাড়ি হয় করা উচিত আর সব রকমের প্রচেষ্টা করা উচিত তাকে বাঁচানোর। আমি আশাকরি আমার দুটো চিঠিতে, আমি এই বিষয়ে যা বলতে চাই তা ইঙ্গিত করতে পেরেছি।

**

২৫

যুব রাজনৈতিক কর্মীদের প্রতি

"এই ডকুমেন্ট টা ভারতের যুব রাজনৈতিক কর্মীদের কিছুটা নির্দেশ দিয়ে ২ ফেব্রুয়ারী, ১৯৩১ এ লেখা হয়েছিল। সেই সময় কংগ্রেস আর ব্রিটিশ সরকারের মধ্যে কথাবার্তা দ্বারা কিছু আপোসের কানাঘুষা শোনা যাচ্ছিল, এই ডকুমেন্টের দ্বারা ভগত সিংহ বর্ণনা করেছেন যে কোনসময় একটা বোঝাবুঝি অনুমোদনের যোগ্য এবং কোনসময় নয়। উনি এও বলেছেন যে কংগ্রেস যে ভাবে আন্দোলন চালাচ্ছে সেটা কোন আপোসের মধ্যে গিয়ে শেষ হতে বাধ্য। বর্তমান অবস্থার বিশ্লেষণ করার পর উনি শেষে যুব কর্মীদের মার্ক্সিজম এর আদর্শ গ্রহণ করার পরামর্শ দিয়েছেন, জনগণের মধ্যে গিয়ে কাজ করার শ্রমিক এবং কৃষকদের মাঝে কাজ করে সাম্যবাদী পার্টির গঠন করতে।

ভগত সিংহের ফাঁসির পর, এই ডকুমেন্ট টা বিকৃত ভাবে প্রকাশিত করা হয়, তাতে সোভিয়ত ইয়ুনিয়ন, মার্কস, লেনিন, কমিউনিস্ট পার্টির বিষয়ে যা প্রসঙ্গ এসেছিল, সেগুলো কে খুব সাবধানে সরিয়ে দেওয়া হয়। ১৯৩৬ এ ভারত সরকার এটাকে নিজের একটা গোপনীয় রিপোর্ট এ প্রকাশিত করে। শহীদ স্মৃতি সৌধ আর ফ্রিডম স্ট্রগল রিসার্চ সেন্টর, লখনৌ তে এই পুরো ডকুমেন্ট এর ফটোকপি, লাইব্রেরি তে সংরক্ষিত করা হয়েছে।"

‘যুব রাজনৈতিক কর্মীদের প্রতি’

প্রিয় কমরেডস,

আমাদের আন্দোলন একটা মহত্বপূর্ণ পর্যায়ে এখন এগোচ্ছে। এক বছর ধরে কিছু নিশ্চিত প্রস্তাবের ওপরে যা সংবিধানের সংস্কারের সন্দর্ভে ‘রাউন্ড টেবল কনফারেন্স এ, কংগ্রেস নেতাদের আমন্ত্রণ জানিয়ে জোরদার সংঘর্ষ চলছিল...

ভাবো, যে এটাকি বর্তমান অবস্থায় ঐচ্ছিক, এই আন্দোলন বন্ধ করা। ওরা আমাদের পক্ষে বা বিপক্ষে যাই নির্ণয় নিক, সেটা গুরুত্বপূর্ণ নয়। বর্তমান আন্দোলন একটা বোঝাপড়ায় শেষ হবে, এটা নিশ্চিত। এই বোঝাপড়া আজ নয়তো কাল প্রভাবিত হতে পারে। আর আপস ব্যাপারটা কে আমরা যতটা উপেক্ষা করি বা দুঃখজনক মনে করি, সেটা তা নয়। এটা রাজনৈতিক নীতির অপরিহার্য্য অংশ। কোনও দেশ যখন শোষক দের বিরুদ্ধে উঠে দাঁড়ায় তারা প্রথম দিকে পরাজিত হবেই। আর যেমন মধ্যযুগীয় সময়ে সংগ্রাম কালে আংশিক সংস্কারের জন্য বোঝাপড়ায় এটা শেষ হয়, এটা সেই শেষ অবস্থাতেই আছে - দেশের সব সম্পদ আর শক্তি কে একত্রিত আর সংগঠিত করে - সেটা বোধহয় একটা শেষ আঘাত করতে পারে যেটা শাসক সরকার কে ছিন্নভিন্ন করতে পারে। কিন্তু তারপরও এটা অসফল হতে পারে, যেটা একটা আপোসে নিশ্চিত ভাবে শেষ হবে। এটা রাশিয়ন উদাহরণ দিয়ে ভাল ভাবে বোঝানো যাবে।

১৯০৫ এ রাশিয়ন বিপ্লব ঘটল। সবই নেতারা অত্যন্ত আশায় ছিলেন। লেনিন বিদেশগুলো থেকে ফিরলেন যেখানে তিনি আশ্রয় নিয়েছিলেন। তিনি একটা সংঘর্ষ পরিচালিত করলেন, লোকেরা তাঁকে এসে বলল যে এক ডজন জমীমালিক কে হত্যা করা হয়েছে আর তাদের অনেক প্রাসাদ পোড়ানো হয়েছে , লেনিন শুনলেন আর বললেন, ফিরে গিয়ে বারো সহস্র জমীমালিক কে মারো আর যত পার তাদের প্রাসাদ পুড়িয়ে দাও। উনি ভেবেছিলেন যে এটা যদি বিপ্লব অসফল হয় তাহলে অন্যদের কাছে কিছু মানে অন্ততঃ বেরোবে। ‘ডয়ুমা’ তখন জারি হল। এটাই ডয়ুমা তে বলার জন্য লেনিন এগিয়ে ছিলেন। এটা ১৯০৭ তে হয়েছিল। ১৯০৬ এ তাঁর প্রথম ডয়ুমাতে ভাগিদারীর বিরুদ্ধে বলা হয়, যেখানে বেশি কাজের সুযোগ এই দ্বিতীয় ডয়ুমার থেকে বেশি ছিল, আর তাদের অধিকার ছেঁটে ফেলা হয়েছিল, এগুলো পরিস্থিতির পরিবর্তনের জন্য হয়েছিল। প্রতিক্রিয়া উচ্চ স্থান নিচ্ছিল আর লেনিন এই ডয়ুমার প্লাটফর্মটা সমাজতন্ত্রের বিচারধারাকে আলোচনার জন্য ব্যবহার করতে চাইছিলেন।

আবার ১৯১৭ আর বিপ্লবের পরে যখন বোলসেভিকস দের জোর করে ব্রেস্ট লিটোভস্ক ট্রিটি সাইন করান হল তখন লেনিন ছাড়া সবাই এটার বিরোধ করেছিল। কিন্তু লেনিন বলেছিলেন 'শান্তি'। "শান্তি আর আবার শান্তি ; শান্তি যে কোন কিছুর মূল্যে - এমন কি যদি কিছু রাশিয়ন রাজ্য 'জার্মান ওয়ার লর্ড' এ সমর্পন করতে হয়, তাও। যখন কিছু এন্টি বোলসেভিকস রা লেনিনের এই সন্ধির নিন্দা করেছিল, তখন তিনি সরাসরি ঘোষণা করেন যে বোলসেভিকসরা জার্মান আক্রমণ সহ্য করার মতন অবস্থায় নেই আর তাই তারা এই ট্রিটিটা করাই উপযুক্ত মনে করে যাতে বোলসেভিকস সরকার পুরোপুরি নষ্ট হয়।

আমি যে জিনিষটা বলতে চাইছি যে যখন সংঘর্ষ এগোচ্ছে তখন বোঝাপড়াটা একটা জরুরি অস্ত্র যেটাকে মাঝে মাঝেই চালনা করতে হয়। কিন্তু আমাদের আন্দোলনের ধারণাটা সব সময় সামনে রাখা দরকার। আমাদের একটা স্পষ্ট ধারণা মাথায় রাখতে হবে যে আমরা কোন লক্ষ প্রাপ্তির জন্য লড়াই করছি। এটা আমাদের আন্দোলনের সফলতা বা অসফলতার সত্যতা কে প্রমাণিত করতে সাহায্য করে আর আমরা ভবিষ্যতের নীতি সহজেই তৈরি করতে পারি। তিলকের নীতি আদর্শ থেকে অনেকটা অন্যরকম মানে ওনার রণনীতি সবচেয়ে ভাল। তুমি ষোল আনার জন্য লড়াই করছ তোমার শত্রুর সঙ্গে, তুমি এক আনা পেলে। ওটাকে পকেটে রেখে বাকিটার জন্য লড়। মদ্ধপন্থীদের আদর্শ হল তারা এক আনা পাবার জন্য লড়াই শুরু করে আর সেটাও তারা পায়না। বিপ্লবীরা সব সময় মাথায় রাখবে যে তারা সম্পূর্ণ বিপ্লবের চেষ্টা করছে, সম্পূর্ণ শক্তি তাদের হাতে। আপোষ ভয়ঙ্কর হয় কেননা আপোষ ভুল হলে রক্ষণশীলেরা বিপ্লবী বলগুলোকে ভাঙ্গার চেষ্টা করবে। আমাদের এই সন্ধিক্ষণে অত্যন্ত সতর্ক থাকতে হবে যাতে মুখ্য ব্যাপারগুলোতে বিশেষ করে লক্ষের ব্যাপারে কোন ভ্রান্তি যেন না হয়। ব্রিটিশ লেবর লিডররা তাদের আসল লড়াইকে ধোখা দিয়েছিল, তারপর তারা শুধুমাত্র ভন্ড সমাজবাদী হয়ে থেকে গেল। আমার মতে কট্টর রক্ষণশীলরা আমাদের পক্ষে, মুখোশ পড়া সাম্রাজ্যবাদী শ্রমিক নেতাদের থেকে অনেক ভাল। কৌশল এবং কার্য্যপদ্ধতির জন্য প্রত্যেককে লেনিনের জীবন কর্ম পড়া উচিত। ওনার আপোষের বিষয়ে নিশ্চিত বিচারধারা 'লেফট উইং' কম্যুনিজম এ পাওয়া যাবে।

আমি বলেছি যে বর্তমান আন্দোলন, মানে বর্তমান লড়াই কোন না কোন আপোষে শেষ হবে বা পুরোপুরি অসফল হবে।

আমি এটা বলেছি, কেননা আমার মতে এইবার কর্মক্ষেত্রে আসল বিপ্লবী ফোর্সগুলো কে ডাকা হয়নি। এটা একটা সংঘর্ষ যেটা মধ্যমবর্গীয় দোকানদার আর কিছু পুঁজিবাদীদের ওপরে নির্ভর করছে। দুজনেই, বিশেষ করে দ্বিতীয়জন নিজের সম্পত্তি বা আধিকারিক জিনিসগুলো কোন সংগ্রামেই হারাতে সাহস করবে না। আসল বিপ্লবী সেনা তো গ্রামে বা কারখানায়। কিন্তু আমাদের বুর্জোয়া লিডররা তাদের কে চালনা করে না বা করতে সাহস করে না। এই ঘুমিয়ে থাকা সিংহগুলো, ঘুম থেকে উঠলে, নেতাদের লক্ষ প্রাপ্তির পরও অপ্রতিরোধ্য হয়ে উঠবে। অহমদাবাদের শ্রমিকদের ১৯২০ তে দেখার পর মহাত্মা গান্ধী প্রথম অনুভবেই বলেছিলেন : "আমরা শ্রমিকদের মুখোমুখি না হওয়াই উচিত। রাজনৈতিক কারণে কারখানা কর্মীদের ব্যবহার করা বিপজ্জনক। " (দ টাইমস, মে ১৯২১)। তারপর থেকে তারা ওদের ঘাঁটাতে সাহস করেনি। কৃষকরাও আছেন। ১৯২২ তে বারদোলী রিজোল্যুশনে এটাকে মানা হয়নি কিন্তু নেতারা অনুভব করেছেন সেই ভয়ানক ব্যাপার, যখন বিশাল কৃষক শ্রেণী না শুধু বিদেশী দেশের আধিপত্যের জন্য অপিতু জমিদারদের অধীনতার বিরোধে উঠে দাঁড়িয়েছিল।

এটাই হল আসল কারণ যে আমাদের নেতারা কৃষকদের থেকে ব্রিটিশদের কাছে সমর্পন করাটাই ভাল বুঝেছে। পণ্ডিত জওয়াহরলাল কে ছেড়ে দাও, তোমরা কি কৃষক বা শ্রমিকদের একজোট করার চেষ্টা দেখেছ ? না ওরা জোখিম নেবে না। এইখানেই ওদের হীনতা। তাই আমি বলি ওরা সম্পূর্ণ বিপ্লবের পক্ষপাতী কখনও নয়। ওরা প্রশাসন দ্বারা চাপ দিয়ে বা আর্থিক দোহাই দিয়ে কিছু বেশি সংস্কার আশা করছে, কিন্তু ভারতীয় পুঁজিবাদীদের জন্য বেশি ছাড়। তাই আমি বলছি এই আন্দোলন স্থায়ী না হয়ে নষ্ট হয়ে যাবে, হয়তো কিছু বোঝাপড়ার সঙ্গে বা কিছু না নিয়েই। এই যুব কর্মীরা যারা বিশ্বাসের সঙ্গে 'লং লীভ রিভোল্যুশন' নিয়ে চিৎকার করে তারা ভালভাবে সংগঠিত নয় আর তারা এতটা শক্তিশালী নয় যে আন্দোলনটা নিজেরাই এগিয়ে নিয়ে যাবে।

সত্যি কথা বলতে কি আমাদের বড়-বড় নেতারা, বোধহয় পন্ডিত মোতিলাল নেহরু ছাড়া কেউই নিজেদের কাঁধে দায়িত্ব নেবার মতন সাহস করে না, তাই তারা যখন-তখন নিঃশর্ত গান্ধীর কাছে সমর্পন করে। অনেক মতভেদ থাকা সত্ত্বেও তারা কোনদিন গুরুত্ব দিয়ে ওনার বিরোধ করেনি, আর মহাত্মার ইচ্ছাই ফলিভূত হয়।

এই রকম অবস্থায়, আমাকে যে কর্মীরা আন্তরিক ভাবে বিপ্লব চায় তাদেরকে সতর্ক করতে দাও যে আগামী সময় আরও কঠিন হবে। তাদের সতর্ক হতে হবে পাছে তারা ভ্রমিত বা নিরাশ না হয়। মহান গান্ধীর দ্বারা করা দুট সংঘর্ষের পর আমরা অনুভব করতে পারছি যে আমরা আগের থেকে ভাল অবস্থায় আছি যাতে আমরা আমাদের বর্তমান অবস্থান এবং ভবিষ্যতের কার্য্যনীতির একটা স্পষ্ট ধারণা করতে পারি।

এই ব্যাপারটা খুব সহজ ভাবে বোঝাবার চেষ্টা করছি, তোমরা চেঁচাও ‘লং লিভ রিভোল্যুশন’, আমি ভেবে নিলাম তোমরা সত্যিই এটা চাইছ। আমাদের এই কথার পরিভাষা যেটা আমরা এসেম্বলি বম্ব কেসের স্টেটমেন্টে দিয়েছিলাম, বিপ্লব মানে বর্তমান সামাজিক শৃঙ্খলার পুরোপুরি বিনাশ করে নতুন সমাজবাদী শৃঙ্খলায় পরিবর্তিত করা। এই উদ্দেশ্যে আমাদের প্রথম লক্ষ ক্ষমতা প্রাপ্তি। সত্যি দেখতে গেলে, স্টেট, সরকারি মেশিনরী সবই শাসক বর্গের হাতে, তাদের দিকের সুরক্ষার জন্য। আমরা সেটা ছিনিয়ে নিয়ে আমাদের আদর্শ কে পূর্ণ করার কাজে লাগাতে চাই, অর্থাৎ নতুন ভাবে সমাজের পুনর্নির্মাণ, মানে মার্ক্সিস্ট আধারে। এই জন্য আমরা সরকারি মেশিনরী পরিচালনা করতে চাই। সঙ্গে-সঙ্গে আমাদের জনগণকে আমাদের সামাজিক কার্য্যক্রমের জন্য উপযুক্ত আবহাওয়া তৈরি করতে শিক্ষিত করতে হবে। এই সংঘর্ষের মধ্যে আমরা ওদেরকে ভাল ভাবে প্রশিক্ষিত এবং শিক্ষিত করতে পারি।

এইসব ব্যাপার যখন আমাদের সামনে স্পষ্ট হল, মানে আমাদের অবিলম্বে কি করা দরকার আর চরম লক্ষ স্পষ্ট ভাবে বোঝাতে পেরেছি, এবার আমরা বর্তমান পরিস্থিতি পরীক্ষা করতে পারি। আমাদের কোনও পরিস্থিতির বিশ্লেষণে সব সময় অকপট আর ব্যবসায়িক দৃষ্টিকোণ রাখতে হবে।

আমরা জানি যে যখন থেকে ভারতীয় ভাগিদারী সরকারের সঙ্গে দায়িত্ব বহন করার জন্য হল, প্রচুর চেঁচামিচি তাকে নিয়ে হয়েছিল, মিন্টোমার্লে রিফর্মস এল, যা ভয়সরায় কাউন্সিল তৈরি করল, তাতে শুধু পরামর্শের অধিকার দেওয়া হল। বড় যুদ্ধের সময় যখন ভারতীয় সাহায্যের দরকার, সেলফ গভর্ণমেন্টের প্রতিশ্রুতি দেওয়া হল আর বর্তমান সংস্কারগুলো আনা হল। সীমাবদ্ধ লেজিসলেটিভ ক্ষমতা এসেম্বলীতে ন্যস্ত হল কিন্তু সেটাও ভয়সরায়ের বদান্যতার ওপরে নির্ভর করবে। এখন এবার তৃতীয় অবস্থা।

এখন রিফর্মস নিয়ে আলোচনা করা হয়েছে আর সেগুলো ভবিষ্যতে আনা হবে। আমাদের যুবকরা সেগুলোকে কি ভাবে বিচার করবে ? সেটা একটা প্রশ্ন। আমি জানিনা কংগ্রেস নেতারা এগুলোকে কোন মানদন্ডে বিচার করবে। কিন্তু আমাদের বিপ্লবীদের জন্য, আমরা কিছু মানদন্ডে বিচার করতে পারি :

১. ভারতীয়দের ঘাড়ে কোন সীমা পর্যন্ত দায়িত্ব দেওয়া হয়েছে।

২. সরকারী প্রতিষ্ঠানগুলো যেগুলো ভবিষ্যতে আসবে তাতে জনগণ কি সীমা পর্যন্ত অংশগ্রহণ করতে পারবে।

৩. ভবিষ্যতে সম্ভাবনা এবং সুরক্ষা।

এগুলো আরও একটু ব্যাখ্যা করা দরকার। আমরা সহজেই এটা বিচার করতে পারি যে কতটা দায়িত্ব আমাদের লোকেদের দেওয়া হয়েছে, সেটা দেখতে হবে যে আমাদের প্রতিনিধিদের অধিকারীদের ওপর কতটা নিয়ন্ত্রণ থাকবে। আজ পর্যন্ত লেজিসলেটিভ এসেম্বলি তে অধিকারীদের দায়ী করা হয়নি আর ভয়সরায়ের কাছে ভিটো ক্ষমতা ছিল , যেটা নির্বাচিত সদস্যদের চেষ্টা কে নিরর্থক করে দিয়েছে। স্বরাজ পার্টির চেষ্টা কে ধন্যবাদ, ভয়সরায় কে যখন-তখন চাপ দেওয়া হয়েছে ওনার নির্লজ্জ ভাবে, গুরুগম্ভীর নির্ণয়গুলো যেগুলো দেশের প্রতিনিধির দ্বারা নেওয়া হয়েছে সেগুলোকে নিজের অতিরিক্ত ক্ষমতা দিয়ে পায়ের নীচে পিষে ফেলার। এগুলো সবই জানা তাই আর চর্চার দরকার নেই।

এবার সবচেয়ে প্রথমে আমরা দেখব যে কোন পদ্ধতি দ্বারা অধিকারীদের গঠন করা হচ্ছে। অধিকারীরা কি পপুলর এসেম্বলির সদস্যদের দ্বারা নির্বাচিত হচ্ছে না কি তাদের যেমনটা আগে হয়েছে, চাপিয়ে দেওয়া হচ্ছে, আরও আগে তারা কি হাউসের প্রতি দায়িত্বশীল ভাবে নাকি পূর্বে যেমন হত, সামনে-সামনি পুরোপুরি সেটাকে অবমাননা করবে?

দ্বিতীয় ব্যাপারটার সম্বন্ধে, আমরা ভোটাধিকারের সুযোগ দেখে বিচার করতে পারব। কোনো মানুষের বিশিষ্ট গুন্ দেখে তাকে ভোট দেবার যোগ্য ভাবাটা পুরোপুরি সরিয়ে দিয়ে, সার্বজনীন ভোটের অধিকার আনা উচিত। প্রত্যেকটা প্রাপ্তবয়স্ক, ছেলে বা মেয়ের ভোটের অধিকার হওয়া উচিত। বর্তমানে আমরা শুধু দেখব যে ভোটের অধিকার কতদূর বাড়ানো হচ্ছে।

এখানে আমি প্রাদেশিক স্বশাসনের কথা উল্লেখ করতে চাই। কিন্তু এ যাবত যা শুনেছি, আমি শুধু বলতে পারি যে গভর্নর তার অসাধারণ ক্ষমতা সম্পন্ন হয়ে

লেজিসলেটিভ দের ওপরে আর উচ্চে, তাই তিনি যা ধার্য্য করবেন, সেটাই হবে, আর তা একটা স্বৈরাচার থেকে কম প্রমাণিত হবে না বরং আমরা এটাকে আঞ্চলিক প্রজাপীড়ণ বলতে পারি, স্বৈরাচারের বদলে। এটা প্রাদেশিক প্রতিষ্ঠানগুলোর একটা অদ্ভুত গণতন্ত্রীকরণ।

তৃতীয় জিনিষটা একদম সহজ। গত দুবছর ধরে ব্রিটিশ রাজনৈতিকরা মন্টাগু প্রতিশ্রুতিগুলো বাতিল করার চেষ্টা করছে, আরও কিছু রিফর্মস বিতরণ করবে যেগুলো প্রতি দশ বছরে পদও করা হবে যতদিন না ব্রিটিশ দের কোষাগার শেষ হয়।

আমরা দেখতে পারি তারা ভবিষ্যতের জন্য কি নির্ণয় নিয়েছে।

এখানে একটা ব্যাপার আমি স্পষ্ট করতে চাই যে আমাদের এই সমস্তগুলো বিশ্লেষণ করে আমাদের উপলব্ধির ওপর আনন্দিত হবার কিছু হয়নি, বরং আমাদের পরিস্থিতির একটা স্পষ্ট ধারণা তৈরি করতে হবে যাতে আমরা জনগণকে জাগ্রত করতে পারি আর আগের লড়াইয়ের জন্য তৈরি করতে পারি, আমাদের জন্য আপোষ কখনও সমর্পন নয়, বরং আগে কয়েকটা পদক্ষেপ আর কিছুটা আরাম, শুধু এই আর কিছুই নয়।

বর্তমান পরিস্থিতির ওপর চর্চা করার পর আমরা ভবিষ্যতের কার্য্যক্রমের বিষয়ে আলোচনা করব আর আমাদের ‘লাইন অফ অ্যাকশন’ কোনটা গ্রহণ করা উচিত সেটা নিয়ে কথা বলব।

যেমন আমি আগে বলেছি কোনও বিপ্লবী পার্টির সামনে একটা নিশ্চিত প্রোগ্রাম থাকা আবশ্যক। যেমন, তোমরা জান, বিপ্লব মানে ক্রিয়া। এটার মানে একটা অঘোষিত, নিয়ম অনুযায়ী ক্রিয়া যার দ্বারা জেনেবুঝে পরিবর্তন আনা হয়, এটা হঠাৎ বিরোধিতার জন্য অপরিকল্পিত প্রোগ্রাম তৈরি করতে হলে, প্রত্যেকের এগুলো পড়া জরুরি:

১. লক্ষ

২. ওই জায়গা যেখান থেকে আরম্ভ হবে, মানে বর্তমান অবস্থান,

৩. ক্রিয়ার গতিপথ, মানে উপায় এবং পদ্ধতি।

যতক্ষণ না এই তিনটের বিষয়ে স্পষ্ট ধারণা না হয়, কেউ প্রোগ্রামের বিষয়ে কোন চর্চা করতে পারে না।

আমরা বর্তমান পরিস্থিতি অনেকটাই আলোচনা করে নিয়েছি। লক্ষে বিষয়টাও কিছুটা বোঝালাম। আমরা সমাজবাদী বিপ্লব চাই, তার জন্য প্রারম্ভিক

রাজনৈতিক বিপ্লব অপরিহার্য্য। এটাই আমরা চাই। রাজনৈতিক বিপ্লব মানে স্টেটের স্থানান্তরণ (অমার্জিত ভাবে ক্ষমতা) বিদেশীর থেকে ভারতীয়দের হাতে নয়, বরং ওই ভারতীয়দের কাছে যারা অন্তিম লক্ষে আমাদের সঙ্গে থাকবে, সেই সময় বা আরও ছোট করে বলতে গেলে ক্ষমতা বিপ্লবী পার্টির হাতে স্থানান্তরিত হবে যেটাতে সর্বজনের সমর্থন থাকবে। তারপর সমাজবাদী আধারে সম্পূর্ণ সমাজের পুনর্নির্মাণ আন্তরিক ভাবে সংগঠিত করার জন্য এগোতে হবে। যদি তোমরা এটাকে বিপ্লব হিসেবে না মানো তো কৃপা করে দয়া কর, 'লং লিভ রিভোল্যুশন' বলে চিৎকার করা বন্ধ কর। বিপ্লব কথাটা অত্যন্ত পবিত্র। অন্ততঃ আমাদের জন্য, এটাকে হালকা ভাবে বা ভুল ভাবে ব্যবহার করাটা অন্যায়। কিন্তু তোমরা যদি বল যে তোমরা রাষ্ট্রিয় বিপ্লবের জন্য লড়ছো আর তার লক্ষ ইউনাইটেড স্টেট অফ অমেরিকার মতন ভারতীয় গণতন্ত্র, তাহলে আমাকে বলো তোমরা কোন ফোর্সের ওপর ভরসা করবে যে তোমাদের ওই বিপ্লবে সাহায্য করবে, সে রাষ্ট্রীয় বা সমাজবাদী, কৃষক কিংবা শ্রমিক।

কংগ্রেস নেতারা এই বলগুলোকে কখনও সংগঠিত করার সাহস করবে না। তোমরা এই আন্দোলনে সেটা প্রত্যক্ষ করেছ। ওরা অন্যদের থেকে বেশি ভাল ভাবে জানে যে এই বলগুলো ছাড়া ওরা একেবারে অসহায়। ওরা যখন সম্পূর্ণ স্বরাজের প্রস্তাব কে স্বীকৃত করে, যেটা সত্যি বিপ্লব হবে, ওরা এটা ভেবে করেনি। ওদের একটা কনিষ্ঠ বর্গের চাপে পড়ে করতে হয়েছে, আর তারপর তারা আমাদের কাছ থেকে চাইছে যে আমরা এটাকে হুমকি মনে করি যাতে তাদের মনে যে আধিপত্যের প্রতিষ্ঠার ইচ্ছে আছে সেটা তারা পেয়ে যায়। তোমরা পূর্বের তিনটে মানে, মাদ্রাজ, কোলকাতা আর লাহোরে হওয়া কংগ্রেসের সেশনের প্রস্তাবগুলো পড়লেই ধারণা করে নিতে পারবে।

কোলকাতায়, তারা একটা প্রস্তাব পাস করল যে বারো মাসের মধ্যে তাদের ডোমিনিওন স্টেটাস চাই নাহলে তাদেরকে পূর্ণ স্বরাজ কে বলপূর্বক লক্ষ বানাতে হবে, এবং ৩১ ডিসেম্বর ১৯২৯ মধ্যরাত্রি পর্যন্ত তারা এইরকম একটা উপহারের জন্য ধৈর্য্য সহকারে অপেক্ষা করল। তারপর তারা নিজেদের সম্মান রক্ষার্থে স্বাধীনতার প্রস্তাব গ্রহণ করল, নাহলে ওরা এটা ভাবতই না। কিন্তু এমনকি মহাত্মাজী ও কোন লুকাচুপি না করে বললেন যে আপোষের জন্য দরজা খোলা আছে। এটাই ওদের স্পিরিট। প্রথম থেকেই ওরা জানতো যে ওদের এই আন্দোলন বোঝাপড়াতেই

শেষ হবে। এইরকমের আগ্রহশূন্য উদাসীনতা কে আমরা ঘৃণা করি, সংর্ষের এই পর্যায়ে বোঝাপড়াকে নয়। যায় হোক, আমরা চর্চা করছিলাম যে কোন বলগুলোর ওপর তোমরা বিশ্বাস করে বিপ্লবে এগোবে। কিন্তু তোমরা যদি বল যে তোমরা কৃষক এবং শ্রমিক শ্রেণীকে সক্রিয় সমর্থনের জন্য সঙ্গে নেবে, তাহলে তোমাদের একটা কথা বলে দেই, ওরা কিন্তু কোন ভাবপ্রবণ কথায় বোকা বনবে না, ওরা তোমাদের নিষ্কপট ভাবে জিজ্ঞেস করবে যে তাদের ত্যাগ তোমরা যে বিপ্লবের জন্য চাইছো তাতে তারা কি পেতে পারে, ওদের কি যায় আসে যদি লর্ড বা পুরুষোত্তম দাস ঠাকুরদাস ভারতীয় সরকারের শীর্ষে বসে ? একজন কৃষকের কি যাবে-আসবে যদি লর্ড ইরউইং কে সরিয়ে স্যার তেজ বাহাদুর সপ্রু হয় ! ওদের কাছে রাষ্ট্রীয় আবেগ দিয়ে আপিল করে কোন লাভ হবে না। তোমরা নিজেদের উদ্দেশ্যে ওদের ব্যবহার করতে পারবে না।

তোমাকে তাকে খুব গভীর ভাবে বোঝাতে হবে যে বিপ্লব তার ভালর জন্যই হবে। সর্বহারাদের বিপ্লব আর সর্বহারাদের জন্য।

যখন তোমরা সুস্পষ্ট লক্ষে পৌঁছবে তখনই তোমরা তোমাদের বলগুলোকে আন্তরিক ভাবে সঠিক সংগঠিত করতে পারবে এই ধরণের ক্রিয়ার জন্য। এবার তোমাদের দুই ধরণের ভাগ দিয়ে পাস করতে হবে, প্রথমটা তৈয়ারী, দ্বিতীয়টা ক্রিয়া।

বর্তমান আন্দোলনের পর, কিছু বিস্বস্ত বিপ্লবী কর্মীদের মাঝে বিরক্তি ও নিরাশা দেখা যাবে। কিন্তু তাতে চিন্তিত হবে না, ভাবালুতা কে একদিকে রেখে দাও। সত্যের মুখোমুখি হবার প্রস্তুতি নাও। বিপ্লব একটা কঠিন কাজ। এটা একটা মানুষের ক্ষমতার বাইরে। না এটার কোন দিন ক্ষণ ঠিক করা যায়, এটা সামাজিক আর আর্থিক বিশেষ আবহাওয়ার সঙ্গে ফলিত হয়। একটা সংগঠিত পার্টির কাজ হল এই উপযুক্ত পরিস্থিতিকে কাজে লাগান। আর জনগণকে সংগঠিত করে বিপ্লবের জন্য তৈরি করাটা অনেক কঠিন কাজ, আর তার জন্য বিপ্লবী কর্মীদের অনেক বড় বলিদানের দরকার পড়ে। আমি সাফ কথা বলতে চাই, যদি তুমি একজন বড় ব্যবসায়ী বা দুনিয়ায় স্থাপিত বা পারিবারিক মানুষ হও, দয়া করে আগুন নিয়ে খেলো না। নেতা হিসেবে তোমার পার্টি তে কোন জায়গা নেই। আমাদের কাছে আগে থেকেই অনেক নেতারা আছে যারা বিকেল বেলায়, খালী সময়ে বক্তৃিতা দেয়, তারা কোন কাজের নয়। আমাদের দরকার : যেটা লেনিনের পছন্দের কথা ছিল

– "দ প্রফেশনল রিভোল্যুশনরিজ।" সব সময়ের জন্য কাজের কর্মী যার কাছে অন্য কোন উচ্চাকঙ্খ্যা বা জীবন কার্য্য নেই, বিপ্লব ছাড়া। এইরকম যতবেশী কর্মী সংগঠিত হবে, তোমার পার্টি তে তোমার সফলতার সুযোগ তত বেশি বাড়বে।

আগের দিকে নিয়ম অনুযায়ী এগোতে হলে, তোমার সবচেয়ে বেশী দরকার একটা পার্টি যেখানে ওপরে চর্চা করা কর্মীরা থাকবে, যাদের স্পষ্ট ধারণা আর প্রখর উপলব্ধি আছে, আর তাড়াতাড়ি নির্ণয় আর উদ্যোগ নেবার ক্ষমতা আছে। পার্টি তে শক্ত অনুশাসন থাকবে আর জরুরি নয় যে পার্টি অন্ডরগ্রাউন্ড হবে বরং তার উল্টোটা হওয়া সমিচিন।

স্বেচ্ছায় জেলে যাবার নীতির বিচার মাথার থেকে বার করে দিতে হবে। এই নীতি অনুসারে অনেক কর্মীরা জবরদস্তি অন্ডরগ্রাউন্ড জীবন কাটাতে বাধ্য হবে। তাদের কাজগুলো সমান উৎসাহে চালিয়ে যেতে হবে আর এই দলটাই আসল সুযোগের জন্য উপযুক্ত নেতা তৈরি করতে পারে।

পার্টির দরকার এমন কর্মী যাদের যুব আন্দোলনের দ্বারাই শুধু নিযুক্ত করা যায়। তাই যুব আন্দোলন কে আমরা আমাদের প্রোগ্রামের আরম্ভ বলতে পারি। যুব আন্দোলনে স্টডি সর্কলস, ক্লাস লেকচর্স আর লিফলেট, প্যামফ্লেটস, বই আর পিরিওডিকলস প্রকাশনের আয়োজন করা উচিত। এটা রাজনৈতিক কর্মীদের জন্য সব চাইতে ভাল নিযুক্তি ও প্রশিক্ষণ স্থল।

ওই যুবকরা যারা নিজেদের ধারণায় পুষ্ট হয়ে গিয়েছে আর যারা কারণের জন্য জীবন দিতে তৈরি, তাদেরকে পার্টি তে স্থানান্তরিত করা যায়। পার্টি কর্মীদের যুব আন্দোলনের কাজে সব সময় দিশা নির্দেশ এবং নিয়ন্ত্রণের কাজও সঙ্গে-সঙ্গে করতে হবে। পার্টি কে জনগণের মধ্যে প্রচারের কাজও আরম্ভ করা উচিত। এটা খুব দরকার। গদর পার্টির (১৯১৪-১৫) এত চেষ্টার পরও অসফল হবার প্রথম কারণ হল জনগণের অজ্ঞতা, উদাসিনতা এবং কখন-কখন সক্রিয় বিরোধ। এছাড়াও এটা কৃষক এবং শ্রমিকদের সংগঠিত করার জন্য, সক্রিয় সমবেদনা পাবার জন্য জরুরি। এই পার্টি মানে সাম্যবাদী পার্টি। এই পার্টি রাজনৈতিক কর্মীদের পার্টি, এটা কড়া অনুশাসনের দ্বারা ঘেরা, এদের সব আন্দোলন কে ঠিক মত ধরে থাকা প্রয়োজনীয়। এদের কৃষক আর শ্রমিক পার্টিদের লেবর ইউনিয়ন গুলো আর স্বজাতীয় রাজনৈতিক দলগুলো কে সংগঠিত করতে হবে। শুধু রাজনৈতিক জাগৃতি নয়, শ্রেণী রাজনীতি তেও রাজনৈতিক জাগৃতি তৈরি করতে, পার্টি কে বড় করে প্রকাশনী ক্যাম্পেন

আরম্ভ করতে হবে। সর্বহারাদের জাগ্রত করতে, জনগণকে সমাজবাদী থিওরী জানানোর জন্য এগুলো ব্যাপক ভাবে বিতরিত করতে হবে। লেখা গুলো সহজ এবং স্পষ্ট হওয়া দরকার।

লেবর আন্দোলনে কিছু এমন মানুষও আছেন যাঁরা কৃষক এবং শ্রমিকদের আর্থিক মুক্তি, রাজনৈতিক মুক্তি ছাড়াই হবে, এজাতীয় অদ্ভুত, হাস্যকর কথা বলে থাকেন। তারা হয় বক্তৃতাবাগিশ নেতা বা নির্বোধ্‌ এইরকমের ধারণা অকল্পনীয় এবং অযৌক্তিক। আমরা জনগণের আর্থিক মুক্তি চাই তাই সেই উদ্দেশ্যেই আমরা রাজনৈতিক ক্ষমতা জেতার জন্য চেষ্টা করছি। এতে সন্দেহ নেই যে আমরা প্রথমে এই শ্রেণীর জন্য অল্প আর্থিক দাবি এবং সুবিধার জন্য লড়বো, কিন্তু এই লড়াইগুলো ওদের কে রাজনৈতিক ক্ষমতার শেষ লড়াই জেতার জন্য বোঝানোর সবচেয়ে ভাল উপায়।

এছাড়া একটা সংগঠিত মিলিটরী বিভাগ থাকাটা অত্যন্ত জরুরি, এটা অত্যন্ত গুরুত্বপূর্ণ। সময়ে-সময়ে এটার দরকার খুব অনুভব হয়। কিন্তু ঠিক সেই সময় তোমাদের যা আছে সেই সব দিয়ে প্রভাবিত কাজ করানোর কথা ভাবা ভুল, সময়ে সেগুলো দিয়ে দল বানানো যায়না। বোধহয় এই বিষয়টা সাবধানে চর্চা করা দরকার। এই বিষয়ে আমাকে ভুল বোঝার বড় সম্ভাবনা আছে। এমনি দেখতে গেলে আমি একজন আতঙ্কবাদীর মতন কাজ করেছি কিন্তু আমি আতঙ্কবাদী নই। আমি একজন বিপ্লবী, যার একটা লম্বা কার্য্যক্রমের নিশ্চিত ধারণা রয়েছে, সেগুলো আমি আগে বর্ণনা করেছি। আমার সেনায় যে কমরেডরা আছে তারা আমায় দোষ দিতে পারে, যেমন রাম প্রসাদ বিস্মিল, উনি কিছু প্রতিক্রিয়ার দ্বারা আমার কাজের নিন্দা করেছিলেন, সেটা সত্য নয়। আমি এখনও সমান ধারণা, সমান বিশ্বাস, সমান উৎসাহ আর সমান স্পিরিট বহন করি যা আমার কাজে জেলের বাইরে ছিল, বোধহয় - বলা যায়, তার চেয়ে বেশী। সেই জন্যই আমি আমার পাঠকদের সাবধান করে দিচ্ছি যে যখন তারা আমার লেখা পড়বে, তার অন্তর্নিহিত অর্থ নিয়ে ভাববে না, পড়ার সময় অনর্থক ভাবার চেষ্টা করবে না। আমার সব শক্তি দিয়ে যতটা আমি আদেশ দিতে পারি, আমি ঘোষণা করছি যে আমি একজন আতঙ্কবাদী নই, কোনদিনই ছিলাম না, বোধহয় আমার বিপ্লবী হয়ে ওঠার সময় থেকে আমি আতঙ্কবাদী নই। আর আমি বিশ্বাস ও সমর্থন করি আমরা ওই পদ্ধতি দ্বারা কিছু লাভ করতে পারি না। হিন্দুস্তান সোশলিস্ট রিপব্লিকন এসোসিয়েশন এর ইতিহাস

দেখলে কেউও তা বিচার করে নিতে পারে। আমাদের সব ক্রিয়া আমাদের লক্ষের দিশায় এগোবে, মানে নিজেদেরকে এই মহান আন্দোলনে মিলিটরী উইংগের ভাবতে হবে।

যদি কেউ আমাকে ভুল বুঝে থাকে তাহলে সে নিজের ধারণা কে শুধরে নিক। আমার বলার মানে এই নয় যে বম্ব আর পিস্তল অনুপযোগী, বরং তার উল্টোটা। কিন্তু আমি বলতে চাইছি যে শুধু-শুধু অকারণে বম্ব ছোঁড়াটা অনুপযোগী বরং কখন ক্ষতিকর হতে পারে, মিলিটরী বিভাগ, যুদ্ধ সামগ্রীকে সব সময় দরকারের সময় জন্য তৈরি রাখবে, এটা রাজনৈতিক পার্টির কাজ কে পেছন থেকে সাহায্য করবে, এটা স্বতন্ত্র ভাবে কাজ করতে পারেনা আর করাও উচিত নয়।

এই সব লাইনে যা আমি সংকেত দিলাম, সেটা হল পার্টির সব সময় কাজে আগে থাকতে হবে। মাঝে-মাঝে সভা বা আলোচনাচক্র দ্বারা, ওদের কার্য্যকর্তাদের সব বিষয়ে শিক্ষিত এবং জাগ্রত করতে হবে। যদি তোমরা এই মতো কাজ শুরু কর তাহলে তোমাদের অত্যন্ত বিনম্র হতে হবে। এই কার্যক্রমে কম সে কম কুড়ী বছর পূর্ণ করার জন্য দরকার। বিপ্লবের উৎসাহিত স্বপ্ন দশ বছরের মধ্যে হয়ে যাবে আর গান্ধীর কাল্পনিক স্বরাজের প্রতিশ্রুতি : এক বছরের মধ্যে পাওয়া যাবে, এসব একদিকে সরিয়ে রেখে দাও। এর দরকার, না আবেগ না মৃত্যু বরং নিরন্তর সংঘর্ষ, কষ্ট আর বলিদান ভরা জীবন। নিজের আমিত্ব কে আগে নষ্ট কর। নিজের আরামের কথা ঝেড়ে ফেলে দাও, তারপর কাজ কর। ইঞ্চি প্রতি ইঞ্চি তোমাদের এগোতে হবে। এর জন্য সাহস, অধ্যবসায় আর শক্তিশালী সংকল্প দরকার। কোনো কঠিন সমস্যা আর কোন কষ্টসাধ্য কাজ তোমাদের সাহসহীন করতে পারবে না। কোনো অসফলতা আর ধোখাবাজী তোমাদের নিরাশ করবে না। তোমাদের ওপরে চাপিয়ে দেওয়া কোন দুঃখ-বেদনা, তোমাদের বিপ্লবের ইচ্ছে কে উড়িয়ে দিতে পারবে না। কষ্ট আর বলিদানের অগ্নিপরীক্ষা দ্বারা তোমরা বিজয়ী হয়ে উঠবে। আর এই নিজস্ব বিজয়, বিপ্লবের মূল্যবান সম্পত্তি হবে।

লং লিভ রিভোল্যুশন
২ ফেব্রুয়ারী, ১৯৩১

**

২৬

আমি কেন নাস্তিক

"ভগত সিংহ এই আলেখটী, বাবা রণধীর সিংহ, একজন স্বাধীনতা সংগ্রামী যিনি ১৯৩০-৩১ এ লাহোর সেন্ট্রল জেলে ছিলেন, তাঁর মন্তব্যের উত্তরে লিখেছিলেন। রণধীর সিংহ, একজন ধার্মিক, ঈশ্বর-বিশ্বাসী ব্যক্তি ছিলেন। উনি যখন জানলেন যে ভগত সিংহ একজন অবিস্বাসী, উনি দুঃখ পেয়েছিলেন। উনি কোনভাবে ভগত সিংহের সঙ্গে ওর বন্ধ সেলে দেখা করেন আর তাকে ঈশ্বরের অস্তিত্ব নিয়ে বোঝানোর চেষ্টা করেন কিন্তু সফল হননা। বাবা রেগে গিয়ে ব্যঙ্গ করে বলেন,"তুমি তোমার যশে অস্থিরমতি হয়ে গিয়েছ, তোমার মধ্যে অহং সৃষ্টি হয়েছে যেটা একটা কালো পর্দার মতন তোমার আর ঈশ্বরের মাঝে দাঁড়িয়ে আছে। "এই কথাগুলোর জবাব হিসেবে ভগত সিংহ এই গুরুত্বপূর্ণ আর বিচারউদ্দীপক আলেখটা লেখেন।"

একটা নতুন প্রশ্ন উঠে দাঁড়িয়েছে। আমি কি আমার আত্মগর্বর জন্য সর্বশক্তিমান সর্বব্যাপী, সর্বজ্ঞ ঈশ্বরের অস্তিত্বে বিশ্বাস করি না? আমি কোনদিন কল্পনাও করতে পারিনি আমাকে এইরকম কোন প্রশ্নের সম্মুখীন হতে হবে। কিন্তু কিছু বন্ধুদের সঙ্গে কথাবার্তায় ওরা আমাকে এই জাতীয় একটা ইঙ্গিত দিয়েছিল - যদি আমি তাদের বিষয়ে খুব বেশী দাবি না করে থাকি - ওরা আমার সঙ্গে অল্প মেলামেশা করে, ওরা নিষ্কর্ষে পৌঁছেছে যে আমার ঈশ্বরের অস্তিত্বে অবিশ্বাসটা একটু বেশি বাড়াবাড়ী, আমার মধ্যে আত্মগর্ব আমাকে অবিস্বাসী করে তুলতে সক্রিয় করেছে। যাই হোক, সমস্যাটা গম্ভীর। আমি সাধারণ মানুষের বৈশিষ্ট থেকে কিছুটা ওপরে,

সেটা আমি কখনই গর্ব করে বলিনি। আমি একজন মানুষ, তার চেয়ে বেশি কিছু নয়।

কেউ বেশী বলে দাবি করতে পারেনা, আমার মধ্যেও এই দুর্বলতা আছে। অহংকার আসার স্বভাবের একটা পার্ট। আমার কমরেডদের মধ্যে আমাকে স্বৈরাচারী বলা হত। এমন কি আমার বন্ধু বী. কে. দত্ত আমাকে কখন-কখন তাই বলে। কিছু সময় বিশেষে আমাকে স্বৈরশাসকও বলা হয়েছে। অনেক বন্দিরা নালিশ করে, এবং সেটা গম্ভীর ভাবে যে আমি অনিচ্ছাকৃত ভাবে তাদের ওপর আমার মতামত চাপিয়ে দেই আর আমার প্রস্তাবকে মানতে বাধ্য করি। এটা কিছুটা সত্যি। আমি না বলব না। এটা হয়তো আত্মপ্রাধান্য বাড়িয়ে তোলে। এই অহংকারটা আমার মধ্যে নিজের কল্ট নিয়ে আছে যেটা অন্য প্রচলিত মতগুলির বিরোধিতা করে। কিন্তু সেটা ব্যক্তিগত নয়, এটা শুধু আমাদের কল্ট কে নিয়ে বৈধ গর্ব আর এতে অহংকার হয় না। আত্মগর্ব বা আরও ছোট করে অহংকার, একজনের ক্ষেত্রে তার নিজের জন্য অনুচিত গর্ব। সেটা কি অনুচিত গর্ব যা আমাকে নাস্তিক তৈরি করেছে বা এই বিষয়ে অনেক পড়াশুনা করে সাবধানতার সঙ্গে বিচার করে আমি ঈশ্বরে অবিশ্বাসী হয়েছি, এটাই প্রশ্ন , যেটা আমি এখানে আলোচনা করতে চাই। প্রথমে আমাকে স্পষ্ট করতে দাও যে অহংকার আর আত্মগর্ব এক জিনিস নয়, এগুলো দুটো আলাদা।

সবচেয়ে প্রথমে আমি বুঝতে পারছি না কি করে অবাঞ্চিত গর্ব বা ঔদ্ধত্ব কোন মানুষকে ঈশ্বরে অবিশ্বাসী করে দেয়। আমি কোন সত্যিই মহান ব্যক্তিকে, তার মহানতা কে স্বীকার করতে যদি না পারি, যখন আমিও সেই উদ্দেশ্যের জন্য জরুরি বা অপরিহার্য কিছু মাত্রার প্রসিদ্ধি বিনা যোগ্যতায় পাই। সেটা বোঝা যায়। কিন্তু এটা মানুষের ঈশ্বরের প্রতি বিশ্বাস কি করে ব্যক্তিগত আত্মগর্ব দ্বারা শেষ হয়? এর মাত্র দুটা রাস্তা আছে, একজন মানুষ নিজেকে ঈশ্বরের প্রতিদ্বন্দ্বি মনে করে বা ঈশ্বরের সমকক্ষ মনে করে। এই দুটো ব্যাপারেই কিন্তু কেউ সত্য নাস্তিক হতে পারে না। প্রথম কেসে সে নিজের প্রতিদ্বন্দ্বি কে নাকচ করেনা। দ্বিতীয় কেসেও সে স্বীকার করে যে একটা চেতনার অস্তিত্ব আছে যেটা পর্দার পেছন থেকে প্রকৃতির সব গতিকে দিক-নির্দেশ দেয়। এটা মহত্বপূর্ণ নয় যে সে নিজেকে সর্বোচ্চ মনে করে বা সে ভাবে সর্বোচ্চ চেতনা তার থেকে আলাদা, তার মানে সে নাস্তিক।

ঠিক আছে, এবার আমি বলছি, আমি না প্রথম শ্রেণীতে না দ্বিতীয় তো। আমি সর্বোচ্চ শক্তিমান ঈশ্বরের অস্তিত্ব মানিনা। আমি কেন মানি না, সেটা পরে বলছি। এখানে আমি একটু বলতে চাই যে আত্মগর্ব আমাকে নাস্তিকতার তত্ত্ব গ্রহণ করতে সক্রিয় করেনি। আমি না প্রতিদ্বন্দ্বি, না অবতার আর নাই নিজেই সর্বোচ্চ। একটা কথা নিশ্চিত যে আমার এই চিন্তাধারার পেছনে আত্মগর্বের কোন হাত নেই। এই দোষারোপন কে অপ্রমাণিত করতে কিছু ঘটনা পরীক্ষা হোক। আমার এই বন্ধুদের অনুসারে আমি অহংকারী হয়েছি কেননা দিল্লি বম্ব কেস এবং লাহোর কন্সপিরেসি কেসের ট্রায়লের সময় বোধহয় আমি অনুচিত প্রসিদ্ধি পেয়েছি তাই জন্য। বেশ, দেখা যাক, তাদের পূর্বানুমান ঠিক কি না। আমার নাস্তিকতা এখানকার ব্যাপার নয়। আমি ঈস্বরে অবিশ্বাস তখন থেকে করছি যখন আমি একটা অখ্যাত যুবক ছিলাম যার অস্তিত্ব আমার ওপরে বলা বন্ধুরা জানতই না। অন্ততঃ একজন কলেজের ছাত্র কোন অনুচিত গর্ব পোষণ করতে পারে না যা তাকে নাস্তিকতা দিকে নিয়ে যাবে। কিছু শিক্ষকরা আমাকে পছন্দ করতেন, কিছুরা করতেন না আমি যতদূর জানি। আমি কোনদিনই পরিশ্রমী বা পড়ুয়া ছেলে ছিলাম না। অহংকার অনুভব করার কোন সুযোগ আমার ছিল না। আমি বরং লাজুক প্রকৃতির ছিলাম যার ভবিষ্যৎ নিয়ে সে নিরাশাবাদে ভুগতো। এবং সেসব দিনে আমি পুরোপুরি নাস্তিক ছিলাম না। আমার দাদু যাঁর প্রভাবে আমি বড় হয়েছি একজন সনাতনী আর্য্যসমাজী। আর্য্যসমাজীরা আর যায় হোক নাস্তিক নয়। আমার প্রাথমিক শিক্ষার পর আমি লাহোরে ডি.এ.ভী স্কুলে ভর্তি হই এবং বোর্ডিং এ একবছর থেকেছি। সেখানে সকালের আর সন্ধের প্রার্থনা ছাড়া ঘন্টার পর ঘন্টা আমি 'গায়ত্রী মন্ত্র' পাঠ করতাম। তখন আমি একজন পুরোপুরি উপাসক ছিলাম। পরে আমি আমার বাবার সাথে থাকতে আরম্ভ করলাম। তিনি উদারমনা ছিলেন কিন্তু ধর্মের ব্যাপারে ততটাই সনাতনী ছিলেন। ওনার শিক্ষাই আমাকে স্বাধীনতার জন্য নিজের জীবন সমর্পনের প্রেরণা দিয়েছিল। কিন্তু তিনি নাস্তিক নন, উনি একজন দৃঢ় বিশ্বাসী।

উনি আমাকে প্রত্যেক দিন প্রার্থনা করতে উৎসাহিত করতেন। এই ভাবে আমি বড় হয়েছি। অসহযোগের সময় আমি ন্যাশনল কলেজে ভর্তি হলাম। ওখানে যাবার পর আমি মুক্ত ভাবে ভাবতে এবং আলোচনা করতে আরম্ভ করলাম আর ধার্মিক সমস্যা এমনকি ঈশ্বরকে নিয়েও সমালোচনা করতে আরম্ভ করলাম। কিন্তু তখনও আমি ধার্মিক এবং বিশ্বাসী ছিলাম। সেই সময়ে আমি আমার আছাঁটা আর

খোলা চুল সংরক্ষিত করতে আরম্ভ করেছিলাম কিন্তু আমি পুরান আর শিখিজমের তত্ত্বে বা কোন ধর্মেরই তত্ত্বে বিশ্বাস করতে পারছিলাম না। কিন্তু ঈশ্বরের অস্তিত্বের প্রতি আমার দৃঢ় বিশ্বাস ছিল।

তারপর আমি বিপ্লবী পার্টিতে ঢুকলাম। প্রথম নেতা যার সম্পর্কে আমি এলাম, তিনি খুব একটা বিশ্বস্ত ছিলেন না কিন্তু ঈশ্বরের অস্তিত্ব কে অস্বীকার করার মতন সাহস তাঁর ছিল না। আমার ঈশ্বরের বিষয়ে নিরন্তর প্রশ্নের উত্তরে উনি বলতেন: "প্রার্থনা কর যখন তোমার মন চাইবে।" এবার এটা একরকম নাস্তিকতা যেটাকে গ্রহণ করতে কম সাহস লাগে। দ্বিতীয় নেতা যাঁর সম্পর্কে আমি এসেছিলাম, তিনি দৃঢ় বিশ্বাসী ছিলেন। আমি তাঁর নাম টা জানাচ্ছি - সম্মানীয় কমরেড শচীন্দ্রনাথ সান্যাল, যিনি এখন যাবজ্জীবন কারাদণ্ড, কাকোরী কন্সপিরেসি কেসে ভোগ করছেন। ওনার একমাত্র প্রসিদ্ধ বইর আরম্ভের পাতাতেই উনি ঈশ্বরের গুণগান প্রচন্ডভাবে করেছেন। বইটা 'বন্দী জীবন' (ইনকারসিরেটেড লাইফ) নামে। বইটার দ্বিতীয় ভাগের শেষ পাতায় উনি বিশিষ্ট ভাগে বেদান্তের বৈশিষ্ট যুক্ত রহস্যবাদে ঈশ্বরের বিষয়ে লিখেছেন। জানুয়ারী ২৮ তারিখে ১৯২৫ এ এই বইটা সম্পূর্ণ ভারতে বিতরিত করা হয়। এটা ওনার বুদ্ধিযুক্ত শ্রম, যেটা প্রচলনে আসে। এখন এটাও অপরিহার্য্য যে একজন প্রধান নেতার গোপনীয় কাজ, ওনার বিচারধারা যেগুলো ওনার অত্যন্ত প্রিয়,এতে ফুটে উঠেছে , বাকি কর্মীরা ওতে সম্মতি দেবে , যদি ওরা হয়ত মানতে পারেনি। ওই লিফলেটে একটা পুরো প্যারাগ্রাফ ঈশ্বরের বন্দনায় সমর্পিত এবং তার কাজ এবং সৃষ্টির আনন্দের বর্ণনায়। এগুলো সবই অতিন্দ্রিবাদ। আমি যা বলতে চাইছি সেটা হল, বিপ্লবী পার্টিতে তখনও অবিশ্বাস অংকুরিত হয়নি। প্রসিদ্ধ কাকোরী শহীদরা চার জন্যেই তাদের শেষ দিন গুলো প্রার্থনা করেই কাটিয়েছেন। রাম প্রাসাদ বিস্মিল একজন সনাতনী আর্য্যসমাজী ছিলেন।

সমাজবাদ এবং সাম্যবাদের তাঁর এত পড়াশুনার পরেও, রাজেন লাহিড়ী উপনিষদ বা গীতা পাঠের ইচ্ছে সংবরণ করতে পারেননি। আমি ওঁদের মধ্যে কেবল একজনকে দেখেছি যিনি বলতেন "দর্শনের জন্ম মানুষের দুর্বলতা এবং তার সীমাবদ্ধ জ্ঞান দ্বারা। "তিনি এখন সেন্টেন্স অফ ট্রান্সপোর্টেশন ভোগ করছেন কিন্তু তিনিও কখনও ঈশ্বরের অস্তিত্ব কে অস্বীকার করার সাহস করেননি।

সেই সময় পর্যন্ত আমি ভাবপ্রবণ আদর্শবাদী বিপ্লবী ছিলাম। সেই সময় অবধি আমাদের নেতাদের আদেশ পালন করতে হত। তারপর সময় এল যখন

পুরো দায়িত্ব নিজের কাঁধে নিতে হল। কিছু অপরিহার্য প্রতিক্রিয়ার দরুন কোন-কোন সময় পার্টির অস্তিত্বই অসম্ভব মনে হয়েছে। উৎসাহী কমরেডরা - এমনকি নেতারাও আমাদের বিদ্রুপ করতেন। কখনো-কখনো আমিও আমাদের কার্য্যক্রমের নিরর্থকতা নিয়ে ভাবতাম, সেটাই আমার বিপ্লবী জীবনের মোড় ছিল। 'অধ্যয়ন' তখন আমার মনের কোনায়-কোনায় প্রতিধ্বনিত হতে শুরু করল। নিজের কল্ট এর পক্ষে তর্ক করার জন্য পড়াশোনাই তোমাকে সক্ষম করে তুলবে। আমি পড়া আরম্ভ করলাম। আমার আগের বিশ্বাস আর প্রত্যয়, যেগুলো আমার পূর্বসূরীদের কাছে প্রধান ছিল, সেগুলো ধীরে-ধীরে বদলাতে আরম্ভ করল, আর তার জায়গায় গম্ভীর তত্ত্বরা দানা পাকালো। আর কোন রহস্যবাদ নয়, আর কোন অন্ধবিশ্বাস নয়। বাস্তববাদ আমাদের ধর্ম হয়ে উঠলো। যখন সাংঘাতিক দরকারি হয়ে পড়বে, তখন বল কে অবলম্বন করা ন্যায়োচিত: অহিংসা জন আন্দোলনের জন্য অপরিহার্য্য, ততটাই পদ্ধতির বিষয়। সবচেয়ে গুরুত্বপূর্ণ বিষয় হল, আমরা কোন আদর্শের জন্য লড়ছি তার স্পষ্ট ধারণা। তখন যেহেতু ময়দানে নেমে কোন গতিবিধি ছিল না তাই তখন আমার কাছে প্রচুর সুযোগ ছিল বিশ্ব বিপ্লবের বিভিন্ন আদর্শ নিয়ে পড়াশোনা করার। আমি নৈরাজ্যবাদী বুকনিন, কিছুটা মার্কস, সাম্যবাদের পিতা, অনেকটা লেনিন, ট্রটস্কী কিছু আরও ব্যক্তিদের পড়লাম যারা নিজের দেশে বিপ্লব কে সফল করেছেন। তাঁরা সবাই নাস্তিক ছিলেন। বুকনিনের 'গড এন্ড স্টেট', যদিও টুকরো-টুকরো ভাবে লেখা কিন্তু এই বিষয়ে একটা আকর্ষণীয় অধ্যয়ন, পরে আমি নির্লম্ব স্বামীর লেখা বই 'কমন সেন্স' পড়লাম, এটা অনেকটা রহস্যবাদী নাস্তিকতার ওপর। এই বিষয়টা আমার ভীষণ আকর্ষণীয় মনে হয়েছিল।

১৯২৬ এর শেষের দিকে আমি ঈশ্বরের অস্তিত্বর আধারহীনতা নিয়ে, যিনি সর্বোচ্চ, যিনি সৃষ্টি করেছেন, দিক-নির্দেশ দিয়েছেন, আর পুরো ব্রহ্মান্ড কে নিয়ন্ত্রিত করছেন তাই নিয়ে নিশ্চিত হয়ে গেলাম। আমি আমার অবিশ্বাসের কথা বলা আরম্ভ করলাম, আমার বন্ধুদের সঙ্গে এই নিয়ে আলোচনা করতে আরম্ভ করলাম, আমি একজন কথিত নাস্তিক হয়ে উঠলাম, কিন্তু আমি এবার আলোচনায় আসতে চাই যা আমি বলতে চাই।

মে ১৯২৭ এ আমি লাহোরে বন্দি হলাম। এই এরেস্টটা আমার জন্য আশ্চর্যজনক ছিল। আমি জানতাম না পুলিশ আমাকে খুঁজছে। হঠাৎই, যখন আমি একটা বাগানের ভেতর দিয়ে যাচ্ছিলাম, আমি দেখলাম আমাকে চারিদিক থেকে

পুলিশ ঘিরেছে। আমার নিজের আশ্চর্য হচ্ছে যে আমি সেই সময় শান্ত ছিলাম। আমি কোন রকম সংবেদন অনুভব করিনি, নাই কোনো রকমের উত্তেজনা। আমাকে পুলিশের হেফাজতে নিয়ে যাওয়া হল।

পরের দিন আমাকে রেলওয়ে পুলিশের লক-অপ এ নিয়ে যাওয়া হল যেখানে আমি পুরো একমাস ছিলাম। আমার ওখানকার পুলিশের সঙ্গে কথাবার্তায় আমি বুঝতে পারলাম যে ওদের কাছে আমার কাকোরী কেস আর অন্যান্য বৈপ্লবিক গতিবিধির সঙ্গে সম্পর্কের কিছু সূচনা আছে। তারা আমাকে জানালো যে যখন ট্রায়ল চলছিল, আমি লখনউ তে ছিলাম আর আমি ওদের বাঁচাবার কিছু ফন্দি পরিচালিত করি, ওদের সঙ্গে মিলে। আমরা কিছু বম্ব জোগাড় করি, আর সেগুলো ঠিক মত কাজ করে কিনা জানার জন্য ১৯২৬ এ দশহরার ভিড়ের ওপর নিক্ষেপ করি। আমার ভালর জন্য ওরা এও বলে যে আমি যদি বিপ্লবী পার্টির গতিবিধিতে কিছু আলোক ফেলতে পারি, আমাকে ওরা বন্দি করে রাখবে না বরং ছেড়ে দেবে আর পুরস্কার দেবে, এমনকি কোর্টে একজন সহমতিকার হিসেবেও প্রস্তুত করবে না। আমি তাদের প্রস্তাবে হেঁসেছিলাম। এগুলো সব জ্ঞান। লোকেরা যারা আমাদের মতন আদর্শ নিয়ে চলে, তারা কখনই নিরীহ লোকেদের ওপর বম্ব ফেলতে পারে না। একদিন সকালে মিঃ নিউম্যান তখনকার সিনিয়র সুপরিটেনডেন্ট, সি.আই.ডি. দেখা করতে এলেন। অনেক সহানুভূতিসম্পন্ন আলোচনার পর উনি একটা দুঃখজনক খবর আমাকে দিলেন যে যদি আমি কোন স্টেটমেন্ট না দি, যা ওনারা চাইছেন, তাহলে ওরা আমাকে কাকোরী কেসে যুদ্ধের জন্য ষড়যন্ত্রে লিপ্ত হওয়ার আর দশহরায় বম্ব কেসে নিরীহ লোকেদের হত্যার কেসে ট্রায়লে পাঠাবেন।

আর তিনি এও বললেন যে তাদের কাছে যথেষ্ট প্রমান আছে যার দ্বারা আমাকে দোষী সাবস্ত করে ওঁরা ফাঁসি দিতে পারেন।

ওই দিনগুলো তে আমি বিশ্বাস করতাম যে যদিও আমি নির্দোষ কিন্তু পুলিশ নিজের ইচ্ছে মতন কিছুও করতে পারে। সেই সময় কিছু পুলিশ অধিকারীরা আমাকে সকাল-বিকেল ঈশ্বরের কাছে প্রার্থনার জন্য বোঝাতে লাগলেন। এখন আমি তো একজন নাস্তিক ছিলাম। আমি বোঝার চেষ্টা করলাম যে একজন নাস্তিক হয়ে এই কঠিন সময়েও আমি কি গর্ব করতে পারি, যতটা শান্তি এবং আনন্দের দিনে করেছিলাম, আমি কি আমার নীতিতে বিশ্বাস রাখতে পারি। অনেক চিন্তা ভাবনার পর আমি নির্ণয় করলাম যে আমি ঈশ্বরের কাছে প্রার্থনায় বিশ্বাস করবো

না, না, আমি কখনও করিনি। সেটা আমার সত্যি পরীক্ষা ছিল আর আমি তাতে সফল হয়েছি। আমি একবারের জন্যও অন্য কিছুর বিনিময় নিজেকে বাঁচাবার ইচ্ছে করিনি। তাই আমি একজন কট্টর অবিস্বাসী, তারপর থেকে আমি এভাবেই আছি। এই পরীক্ষাটা দেওয়া খুব সহজ ছিল না। বিশ্বাস পরিশ্রম কে নরম করে দেয়, এমনকি সেটাকে আনন্দময় করে তোলে। ঈশ্বরে, মানুষ অনেক শক্তিশালী সান্তনা আর সাহায্য পেতে পারে। তাকে ছাড়া মানুষ কে নিজের ওপরে নির্ভর করতে হয়। তুফান আর ঝঞ্ঝার মধ্যে নিজের পায়ে দাঁড়িয়ে থাকাটা ছেলেখেলা নয়। এইরকম পরীক্ষা সময় আত্মগর্ব যদি থেকে থাকে তো উড়ে যায়, আর মানুষ সাধারণ বিশ্বাস কে অস্বীকার করার সাহস করতে পারে না। যদি সে করে, তাহলে বুঝতে হবে যে শুধু আত্মগর্ব ছাড়াও তার কাছে কিছু অন্য শক্তি আছে, এটাই আজকের পরিস্থিতি। ফয়সলা প্রায়ঃ সবাই জানে। এক সপ্তাহের মধ্যে সেটা উচ্চারিত হবে। এটাই সান্তনা যে কোন চিন্তা ছাড়াই আমি আমার জীবন একটা বিশেষ কারণের জন্যে বলিদান করছি। ঈশ্বরে বিশ্বাসী হিন্দু বোধহয় আশা করছে আগের জন্মে সে রাজা হয়ে জন্মাবে, একজন, মুসলমান বা খ্রিষ্টান বোধহয় স্বপ্ন দেখছে তাদের কষ্ট আর বলিদানের পুরস্কার হিসেবে স্বর্গের বিলাসবহুল জায়গায় থাকবে। কিন্তু আমার কাছে কি চাওয়ার আছে? আমি জানি আমার পায়ের তলায় যে মুহূর্তটা আছে, সেটাই অন্তিম মুহূর্ত - সেটাই শেষ মুহূর্ত হবে। আমি, বা সংক্ষেপে বললে, আধিভৌতিক পরিভাষায় যাকে আত্মা বলে ব্যাখ্যা করা হয় সেটা ওখানেই শেষ হয়ে যাবে।

আগে কিছুই থাকবে না। একটা ছোট কষ্টের জীবন, যেটার কোন গুরুত্বপূর্ণ সমাপ্তি হবে না। এ ভাবে যদি সাহস করে আমি ভাবি আর গ্রহণ করতে পারি, তাহলে সেটাই আমার পুরস্কার। ব্যাস এতটুকুই। এতে কোন স্বার্থ যুক্ত উদ্দেশ্য বা ইচ্ছে নেই যে আমি এখানে বা চলে যাবার পর কোন সম্মান পাব। আমি যদি অনিচ্ছুক ভাবে স্বাধীনতার জন্য নিজের জীবন দিতাম কিন্তু আমি তো তা করতে পারিনি। একদিন আমরা এই মানসিকতার অনেক পুরুষ এবং মহিলাদের পাব, যাঁরা নিজেদেরকে অন্য কোন কারণে নিজেকে সমর্পিত করবে না, করবে তো মনুষ্য জাতির সেবায় আর মানবতাকে কষ্টের থেকে স্বাধীন করার জন্য, সেই দিন মুক্ত যুগের উদ্বোধন হবে। রাজা হবার জন্য নয়, নাই কোন পুরস্কার এখানে বা সামনের জন্মে বা মৃত্যুর পর স্বর্গবাস, তারা প্রেরিত হবে দমনদারী, নিপীড়নকারী এবং

অত্যাচারীদের বিরুদ্ধে, বরং চেষ্টা করবে মানবতার কাঁধ থেকে দাসত্বের জোয়াল ছুঁড়ে ফেলতে আর শান্তি এবং মুক্তি স্থাপিত করতে। ওরা ওদের নিজস্বতা কে বিপদজনক পথে নিয়ে যাবে, সেটাই ওদের মহান নিজস্বতার জন্য মহিমামণ্ডিত কল্পনাজনিত পথ। তাদের গর্ব কে কি আত্মগর্ব ভাবে ভুল ব্যাখ্যা দেওয়া যায়? কার সাহস আছে যে এরকম জঘন্য উক্তি করবে? আমার মতে সে হয় খুব সরল বা মূর্খ। আমরা ওকে ক্ষমা করে দেই, কেননা ও হৃদয়ে ওঠা মহান অনুভূতিগুলোর গভীরতা, সংবেদনশীলতা আর ভাবপ্রবণতা অনুভব করতে পারবে না। ওর হৃদয় মরা একটা মাংসপিন্ড, ওর চোখ দুর্বল অন্যান্য ইচ্ছেগুলো ওর ওপর চেপে বসেছে। স্বনির্ভরতা কে সব সময় দায়ী করা হয় আত্মগর্ব হিসেবে। এটা কষ্টদায়ক এবং দুঃখজনক কিন্তু কোন উপায় নেই।

তুমি যাও, আর প্রচলিত বিশ্বাসের বিরোধ কর, তুমি যাও, আর একজন হিরোর সমালোচনা কর একজন মহান লোক যাকে সমালোচনার উর্ধে সাধারণ ভাবে বিশ্বাস করা হয়, কেননা তার বিচারধারা অব্যর্থ ভাবা হয়, তোমার তর্ক বলপূর্বক জনতাকে নিন্দা করতে বাধ্য করবে আর তোমাকে উদ্ধত বলবে। এটা মানসিক স্থবিরতা। সমালোচনা আর স্বতন্ত্র ভাবে ভাবা কোনও বিপ্লবী অপরিহার্য্য গুন। কেননা মহাত্মা অনেক মহান, তাই কেউ ওনার সমালোচনা করবে না, কেননা উনি সাধারণের উর্ধে, তাই উনি যা বলেন - সেটা রাজনীতি হোক বা ধর্ম, অর্থশাস্ত্র হোক বা নীতিশাস্ত্র সেটাই ঠিক।

তোমরা তাতে সহমত হও বা না হও তোমাকে বলতে হবে: "হ্যাঁ এটা সত্যি।" এই মানসিকতা অগ্রগামী নয়। এটা স্পষ্ট ভাবে প্রতিক্রিয়াশীল।

যেহেতু আমাদের পূর্বপুরুষরা একটা সর্বোচ্চ সত্তায় বিশ্বাস করেছিলেন - সর্বশক্তিমান ঈশ্বর - তাই, যদি কেউ সেই বিশ্বাসের বৈধতা কে চ্যালেঞ্জ করার সাহস করে বা সেই সর্বোচ্চ সত্তার অস্তিত্ব নিয়ে চ্যালেঞ্জ করে তাহলে তাকে ধর্মভ্রষ্ট, ধর্মত্যাগী আখ্যা দেওয়া হয়। যদি তার তর্ক এতটা দৃঢ় হয় যে সেটাকে প্রতি তর্ক দিয়ে অপ্রমাণিত করা মুস্কিল, আর তার চেতনা যদি এত শক্তিশালী হয় যে দুর্ভাগ্যবশত তার ওপর সর্বশক্তিমানের কোপও পড়তে পারে, জেনেও তার কিছু যায় আসে না তখন তাকে উদ্ধত বলে দোষ দেওয়া হবে। তার চেতনাকে আত্মগর্ব হিসেবে আখ্যা দেওয়া হবে। তাহলে এরকম বৃথা আলোচনায় সময় নষ্ট করার কি মানে হয়? কেন এসবের ওপর তর্ক করা? এই প্রশ্নটা সবার সামনে

প্রথম বার এসেছে আর এইভাবে সেটাকে চালনা করাটাও প্রথম বারই হচ্ছে, তাই আলোচনা টা দীর্ঘ হয়ে যাচ্ছে।

যেটা প্রথম প্রশ্নের ব্যাপার ছিল, আমার মনেহয় আমি এটা স্পষ্ট করতে পেরেছি যে আত্মগর্বের দ্বারা চালিত হয়ে আমি নাস্তিক হইনি। আমার তর্কগুলোর দ্বারা আমার পাঠকরা আমাকে বিশ্বাস করেছেন কি না সেটা তারাই বিচার করবেন, আমি না। আমি জানি বর্তমান পরিস্থিতিতে আমার ঈশ্বরের ওপর বিশ্বাস থাকলে আমার জীবনটা অনেক সহজ হত, আমার বোঝাগুলো কম হত, আমার ওনার ওপর অবিশ্বাস, পরিস্থিতিকে নিরস করে দিয়েছে, অবস্থা এর থেকেও কঠোর হতে পারে। একটুখানি রহস্যবাদ জীবনকে একটু কাব্যিক বানাতে পারে। কিন্তু আমি আমার ভাগ্য কে কোন উন্মাদনা দ্বারা সাহায্য করতে চাই না। আমি একজন বাস্তববাদী। আমি আমার প্রবৃত্তি কে নিজের যুক্তির সাহায্যে জয় করতে চাই। অবশ্য সব সময় সেটা সম্ভব হয় না। কিন্তু মানুষের কর্তব্য হল চেষ্টা আর প্রচেষ্টা, সফলতা, সুযোগ এবং পারিপার্শ্বিক অবস্থার ওপর নির্ভর করে।

দ্বিতীয় প্রশ্নটা হল যে যদি অহংকার নয়, তাহলে আজ পর্যন্ত প্রচলিত ঈশ্বরের ওপর বিশ্বাস কে অবিশ্বাস করার নিশ্চই কোন কারণ আছে। হ্যাঁ, এবার আমি সেই কথায় আসছি।

আমার মতে একটা মানুষ যার কাছে যুক্তির শক্তি আছে, সব সময় সে তার আসে-পাশে যুক্তি খোঁজার চেষ্টা করে, যেখানে প্রত্যক্ষ্য প্রমান নেই সেখানে দর্শন একটা মহত্বপূর্ণ স্থান নেয়। আমি আগেও বলেছি, আমার কিছু বিপ্লবী বন্ধুরা বলতো: দর্শন মানুষের দুর্বলতার প্রকাশ। আমাদের পূর্বপুরুষদের কাছে যখন অনেকটা খালি সময় ছিল, তারা বিশ্বের রহস্যের সমাধানের চেষ্টা করেছেন, এর বর্তমান, অতীত এবং ভবিষ্যৎ, এর কেন আর কোন কারণে, কিন্তু ওঁদের কাছে প্রত্যক্ষ প্রমানের অভাব ছিল, প্রত্যেকে নিজের মতন করে সমস্যা সমাধানের চেষ্টা করেছেন। তাই আমরা আলাদা-আলাদা ধর্মে প্রধান ধার্মিক মতের মধ্যে অনেক বিভিন্নতা দেখতে পাই। এগুলো অনেক সময় খুব দ্বন্দ্বমূলক, আর পরস্পরবিরোধী মনে হয়। শুধু প্রাচ্য বা পাশ্চাত্য দর্শনেই পার্থক্য দেখা যায় না, প্রত্যেক গোলার্ধে বিভিন্ন মতবাদের গোষ্ঠী তেও এরকম পার্থক্য বোঝা যায়। প্রাচ্য ধর্মগুলিতে মুসলিম ধর্মের সাথে হিন্দু বিশ্বাসের কোনই সামঞ্জস্য নেই। শুধু ভারতবর্ষেই বুদ্ধিজম আর জৈনিজম অনেক ক্ষেত্রে ব্রাহ্মণবাদের থেকে আলাদা, সেরকমই আর্য্য সমাজ

আর সনাতন ধর্মের মধ্যে বিরোধী বিশ্বাস বিদ্যমান। চার্বাক একজন স্বতন্ত্র চিন্তাবিদ প্রাচীনকালে ছিলেন। তিনি সেই সময়ে ঈশ্বরের কতৃত্ব কে চ্যালেঞ্জ করেছিলেন। সবই ধর্মমতের প্রাথমিক প্রশ্নের ব্যাপার প্রচুর অমিল, আর প্রত্যেকে মনে করে তারাই ঠিক। এটাই দুর্ভাগ্য। বরং আমাদের অজ্ঞানতা কে দূর করতে প্রাচীন জ্ঞানী ব্যক্তিরা যা বলে গেছেন, তার ওপর গবেষণা করা উচিত যাতে ভবিষ্যতে এই রহস্যের সমাধান করতে পারি। আমরা অত্যন্ত অলস আর এটা প্রমাণিত, আমরা আমাদের বিশ্বাস নিয়ে চেঁচামিচি করি, আপসহীন, দ্বিধাহীন ভাবে বিশ্বাসের বর্ণনা মেনে নেই আর আমরা মানুষের উন্নতি তে স্থবিরতা আনার দোষী।

প্রত্যেকটা মানুষ যে উন্নতির জন্য ইচ্ছুক, তার পুরোনো বিশ্বাসের প্রত্যেকটা জিনিস কে সমালোচনা করে অবিশ্বাস আর চ্যালেঞ্জ করা দরকার। প্রচলিত বিশ্বাসের প্রত্যেকটা জিনিস কে খুঁটিয়ে দেখা দরকার। যদি যথেষ্ট যুক্তি দ্বারা সে সেই তত্ত্বে বিশ্বাস করে তাহলে তার বিশ্বাস কে স্বাগত জানানো হবে।

তার যুক্তি ভুল হতে পারে, ভ্রান্ত হতে পারে, কখন মিথ্যা প্রতারণা পূর্ণও হতে পারে, কিন্তু সেটা সংশোধনের যোগ্য কেননা তার জীবনে পথপ্রদর্শক যুক্তি। কিন্তু খালি বিশ্বাস আর অন্ধবিশ্বাস ভয়ঙ্কর। এটা মানুষের মস্তিস্ক কে ভোঁতা করে দেয় আর তাকে প্রতিক্রিয়াশীল করে তোলে। একটা ব্যক্তি যে নিজেকে বাস্তববাদী বলে দাবি করে তার সম্পূর্ণ পুরানো বিশ্বাস কে চ্যালেঞ্জ করা উচিত। সেটা যদি সে না করে তাহলে যুক্তির আক্রমণ ভেঙ্গে পড়বে, তখন তার জন্য উপযুক্ত হবে যে সেগুলো কে ছিন্ন-ভিন্ন করে, সেই জায়গায় নতুন দর্শন নির্মাণ করা। এটা নেতিবাচক দিক। সেটা তখনই সম্ভব যখন সে নিজের ইতিবাচক কাজের জন্য কিছু সামগ্রী, পুরোনো বিশ্বাস থেকে নিয়ে পুনঃ নির্মাণ করবে। আমি প্রথমেই স্বীকার করছি যে আমি এসবে বিশেষ কিছুই পড়িনি, আমার খুব ইচ্ছে ছিল যে প্রাচ্য দর্শন নিয়ে কিছু পড়াশোনার, কিন্তু আমি সুযোগ বা সুবিধা পাইনি। কিন্তু যেহেতু নেতিবাচক অধ্যয়ণ নিয়ে কথা হচ্ছে আমার মনে হয় যে পুরোনো বিশ্বাসের দৃঢ়তা নিয়ে প্রশ্ন করায় আমি বিশ্বাসী। আমি বিশ্বাস করি যে কোনো সর্বোচ্চ চেতন সত্ত্বা নেই যে প্রকৃতি কে দিশা দিচ্ছে এবং তার পরিচালনা করছে। আমরা প্রকৃতিতে বিশ্বাস করি এবং পুরো অগ্রগামী আন্দোলনের উদ্দেশ্য একটা ব্যাপার বোঝায়, মানুষের প্রকৃতির ওপর আধিপত্য তার নিজের সেবার জন্য। তার পেছনে কোন চেতন শক্তির হাত নেই যে দিশা নির্দেশ করবে। এটাই আমাদের দর্শন।

নেতিবাচক দিক থেকে আমরা বিশ্বাসীদের কিছু প্রশ্ন করতে চাই।

১. *যদি তোমরা বিশ্বাস কর সর্বশক্তিমান, সর্বব্যাপী, সর্বজ্ঞ, সর্বদর্শী ঈশ্বর আছেন যিনি এই পৃথিবী বা বিশ্ব কে সৃষ্টি করেছেন, তাহলে আমাকে উত্তর দাও তিনি এই সৃষ্টি কেন করেছিলেন? দুর্ভোগ আর দৈন্য ভরা বিশ্ব, একটা খাঁটি শাশ্বত সমাহার - প্রচুর বিয়োগান্তক : একটা আত্মাও পূর্ণ সন্তুষ্টি তে নেই।*

প্রার্থনা, বলবে না যে এটা তার আইন। যদি তিনি কোন আইনে বাঁধা হন, তাহলে তিনি সর্বশক্তিমান নন। তিনিও আমাদের মতন একজন দাস। কৃপা করে এটাও বলবেন না যে এটা তাঁর মনোরঞ্জন। নিরো একটাই রোম পুড়িয়েছিল। সে কিছু সীমিত লোকদের হত্যা করেছিল। সে অল্প ট্র্যাজেডি সৃজন করেছিল।

সব কিছু তার উপভোগের জন্য। আর ইতিহাসে তার জায়গাটা কোথায়? তাকে কি নামে ইতিহাসবিদরা উল্লেখ করে? তার ওপরে সবরকমের বিষাক্ত আখ্যা ইতিহাসকাররা দিয়ে থাকেন। ইতিহাসের পাতায়-পাতায় তীব্র ভর্ৎসনা, তিরস্কার দ্বারা অত্যাচারী, হৃদয়হীন দুর্নীতিপরায়ণ নিরোকে নিন্দা করা হয়। একজন চঙ্গেজ খান, যে কিছু হাজার জীবন নাশ করেছে নিজের আনন্দের জন্য আর আমরা তাকে ঘৃণা করি, তার নামকেও ঘেন্না করি। তাহলে তোমরা কি ভাবে তোমাদের সর্বশক্তিমানের ন্যায্যতা দেখাবে, শাশ্বত নিরো, যে চিরকাল ঘটাচ্ছে আর ঘটিয়ে আসছে অগুন্তি দুঃখদায়ক ঘটনা, প্রতি দিন, প্রতি ঘন্টায় আর প্রতি মিনিটে? কি করে তোমরা তার ভুল কাজগুলোকে সমর্থন করার কথা ভাবো যে চঙ্গেজ খানকে ছাড়িয়ে যাচ্ছে প্রতি ক্ষনে? আমি বলি সে কেন বিশ্বকে তৈরি করে ছিল - একটা যথার্থ নরক, একটা নিরন্তর কটু অশান্তির জায়গা? সর্বশক্তিমান মানুষ কেন সৃষ্টি করেছিলেন যখন ওনার কাছে সৃষ্টি না করার শক্তি ছিল? এসবের কি ন্যায্যতা? তোমরা কি বলতে চাও যে বেদনা সহ্য করছে, সেই নিষ্পাপ দের পুরস্কার দেবার জন্য আর যারা ভুল কাজ করছে তাদের শাস্তি দেবার জন্য? ঠিক আছে, ঠিক আছে: তোমরা কি ভাবে একজন লোকের সততা প্রতিপাদিত করবে যে তোমার শরীরে আঘাত করে ঘা করে দিতে পারে যাতে সে ঘায়ে পরে সে ঠান্ডা, নরম মলম লাগিয়ে দেবে। গ্লডিএটর প্রতিষ্ঠানের সমর্থক এবং সংগঠকদের কতদূর তোমরা সমর্থন করবে যারা অভুক্ত ক্ষিপ্ত সিংহের সামনে মানুষদের ছুঁড়ে দেয়। তারপরও যদি ওরা বেঁচে যায় তো তাদের ভালভাবে দেখাশোনা করা হয়। এই জন্যই আমি প্রশ্ন করছি: চেতনশীল সর্বোচ্চ সত্বা কেন এই জগত আর মানুষ বানিয়েছিলেন?

আনন্দ উপভোগ করার জন্য? তাহলে তাঁর আর নিরোর মধ্যে অন্তর কোথায়? তোমরা মোহমডন আর খ্রিস্টানরা: হিন্দু দর্শন তাও কিছুক্ষন তর্কে টিকে থাকবে কিন্তু আমি তোমাদের প্রশ্ন করছি, ওপরে করা প্রশ্নগুলির তোমাদের কাছে কি উত্তর আছে? তোমরা তো পূর্বজন্মে বিশ্বাস করনা, হিন্দুদের মতন। তোমরা তর্কে এগোতেই পারবেনা এই বলে যে সে পূর্বজন্মের ভুল কাজের জন্য আপাতদৃষ্টিতে এখন নিরিহ হয়েও কষ্ট পাচ্ছে। আমি তোমাদের জিজ্ঞেস করছি সর্বশক্তিমান শ্রমপূর্বক ছয় দিন ধরে এই বিশ্বকে সৃষ্টি করলেন কেন, প্রত্যেক দিন বলার জন্য 'অল ওয়জ ওয়েল'? তাঁকে আজ ডাকো। তাকে পুরোনো ইতিহাস দেখাও। উনি বর্তমান পরিস্থিতির বিবেচনা করুন। আমরাও দেখি উনি কিভাবে বলেন 'অল ইজ ওয়েল'।

জেলের অন্ধকূপ থেকে, অভুক্ত অবস্থা হাজার-হাজার লোকেদের বস্তিতে কুঁড়ে ঘরে গ্রাস করছে, নির্যাতিত শ্রমিকদের হাহাকার দেখে উনি অনাগ্রহী ভাবে রক্তচোষা পুঁজিবাদীদের এদের নিপীড়ন এর প্রক্রিয়া ধৈর্য্য ধরে দেখে চলেছেন। মানুষের উর্জার এরকম অবক্ষয়, যেকোন সাধারণ সংবেদন যুক্ত মানুষও শিউরে উঠবে যেখানে বেঁচে যাওয়া উৎপাদন কে পক্ষপাতিত্ব করে সমুদ্রে ফেলে দেওয়া হচ্ছে কিন্তু সেগুলো যাদের দরকার সেই শ্রমিকদের মধ্যে বিতরণ করা হচ্ছে না - বড়-বড় প্রাসাদ যার ভিত্তি মানুষের হাড়ের ওপর ... তিনি আসুন আর দেখুন তারপর বলুন 'আল ইজ ওয়েল' কেন আর কোন কারণে? এটাই আমার প্রশ্ন, তোমরা চুপ করে আছ। বেশ, তাহলে এর আগে বলি।

ঠিক আছে, হিন্দুরা তোমরা বল বর্ত্তমান কষ্ট সব কিছু পূর্বজন্মে করা পাপের ফল। ভাল। তোমরা বল আজ যারা অত্যাচারী তারা গতজন্মে সাধু-মহাত্মা ছিলেন তাই তারা এখন ক্ষমতার আনন্দ উপভোগ করছে। আমি সত্যিই স্বীকার করতে চাই যে তোমাদের পূর্বপুরুষরা অত্যন্ত চালাক ছিলেন, ওনারা তর্ক এবং আবিষ্কারের চেষ্টায় কুঠারাঘাত করার জন্য সশক্ত তত্ত্ব তৈরি করেছিলেন। কিন্তু আসুন আমরা বিশ্লেষণ করে দেখি যে এই তর্কগুলো ধোপে টেকে কি না।

অনেক প্রসিদ্ধ বিচারক দের অবধারণা, দোষীর ওপর শাস্তি তিন বা চার ভাগে দেওয়া যায়। সেগুলো হল - প্রতিশোধমূলক, সংস্কার মূলক আর প্রতিরোধক। বর্তমানে সব চিন্তাবিদরা প্রতিশোধমূলক তত্ত্বকে বাতিল করেছেন, প্রতিরোধক তত্ত্বও বর্তমানে বাতিল হয়ে গেছে। সংস্কারমূলক তত্ত্বই এখন ব্যবহার করা হয়

যেটা মানুষের অগ্রগতির জন্য দরকার এবং অপরিহার্য্য। এটার লক্ষ্য হল দোষী কে সমাজে উপযুক্ত এবং শান্তিপ্রিয় করে তোলা। কিন্তু ঈশ্বরের দ্বারা কি ধরণের শাস্তি প্রদান করা হচ্ছে, যদি আমরা মেনেও নেই যে তারা দোষী? তোমরা বল যে তোমাদেরকে চুরাশী লাখ যোনিতে জন্ম নেবার শাস্তি উনি দেন।

আমি প্রশ্ন করতে চাই: এর কি সংস্কারমূলক প্রভাব মানুষের ওপর পড়ে? তোমরা কজনকে দেখেছ যারা বলছে যে তাদের পাপের জন্য গতজন্মে তারা গাধা হয়ে জন্মেছিল? এরকম কেউ নেই। তোমাদের পুরানের দোহাই দিও না। আমার তোমাদের পুরাশাস্ত্র নিয়ে চর্চা করার সুযোগ নেই। সবচেয়ে বড় কথা, তোমরা কি জানো বিশ্বে সবচেয়ে বড় পাপ হল গরিব হওয়া? গরিবি একটা পাপ, একটা শাস্তি। আমি জানতে চাই যে তোমরা সেই অপরাধবিদ একজন বিচারক বা একজন লেজিসলেটর কে কতটা সমর্থন করবে যে মানুষ কে তাদের দেওয়া শাস্তি দ্বারা আরও পাপ কাজ করতে বাধ্য করবে? তোমাদের ঈশ্বর কি এটা শেখাননি নাকি ওনাকেও অনেক অনুভবের দ্বারা শিখতে হবে, কিন্তু তার দাম মানবিকতা কে চোকাতে হবে? তোমাদের কি মনে হয় যে একজন গরিব আর অশিক্ষিত ঘরে, ধর, চামার বা ধাঙ্গড় হয়ে জন্ম নিয়েছে, তার ভাগ্য কিরকম হবে ? সে গরিব তাই সে পড়াশোনা করতে পারবে না। সে তার আসে-পাশের লোকেদের দ্বারা ঘৃণ্য এবং পরিত্যক্ত হবে কেননা বাকিরা তাদের কে ওর থেকে উচ্চ মনে করে কেননা তারা উচ্চ জাতিতে জন্ম নিয়েছে, তার অজ্ঞানতা, তার ঘৃণা সমাজের জন্য হওয়াটা স্বাভাবিক। ধর সে একটা পাপ করল তার ফলাফল কে ভোগ করবে? ঈশ্বর বা সমাজের জ্ঞানীগুণী মানুষ গুলো? ওই মানুষদের কি শাস্তি হবে যারা তাকে জেনেবুঝে অজ্ঞ করে রেখেছে, বিশেষ করে অহংকারী আর আত্মগর্বিত ব্রাহ্মণের দল। ওরা যদি পবিত্র বেদ পাঠ কিছুটা শুনে থাকে, তাহলে তার দণ্ড কাকে দিতে হবে? যদি তারা কোন দোষ করে তাহলে তার জন্য কে দায়ী? এই সুবিধাপ্রাপ্ত লোকেদেরকে কে আবিষ্কার করেছে, যারা এই তত্ত্বের দ্বারা নিজেদের ক্ষমতার দখল, টাকাপয়সা-সম্পত্তি আর শ্রেষ্ঠত্ব কে ন্যায্য প্রমান করে, হ্যাঁ বোধহয় 'অপটন সিনক্লেয়র' কোথাও লিখেছিলেন, "শুধু একটা মানুষ কে অমরত্বে বিশ্বাস করিয়ে দাও তারপর তার ধন, সম্পত্তি কেড়ে নাও, সে অকাতরে সেগুলো দিয়ে দেবে। এই যে গাঁঠজোড় ধার্মিক উপদেশক আর ক্ষমতাশীলদের মধ্যে, এরাই জেল, ফাঁসি, গাঁঠ আর এই তত্ত্বগুলো এনেছে। "

আমি তোমাদের জিজ্ঞেস করতে চাই যে তিনি এই ব্যক্তি কে কেন আটকান না যখন সে কোন পাপ বা দোষ করতে যাচ্ছে? তিনি এটা সহজেই করতে পারেন। কেন তিনি যে যুদ্ধ আরম্ভ করেছে বা যুদ্ধের জ্বলন্ত ইচ্ছাটাকে তাদের ভেতরেই মেরে দেননি যার ফলে মানবতার ওপরে যুদ্ধের যে ভীষণ পরিণাম নেমে আসে সেটাকে এড়াতে পারতেন? কেন তিনি ব্রিটিশদের মধ্যে কিছুটা আবেগ ভরছেন না যাতে ওরা ভারত কে স্বাধীন করে দেয়?

কেন তিনি পুঁজিবাদীদের হৃদয়ে পরোপকারিতার আগ্রহ প্রবিষ্ট করান না যাতে তারা উৎপাদন থেকে বানানো নিজেদের নিজস্ব সম্পত্তি ওপর অধিকার ছেড়ে দেয়। শ্রমিকদের, উপরন্তু সম্পূর্ণ মানব সমাজ কে পুঁজিবাদের বন্ধন থেকে মুক্তি দিতে পারে। তোমরা সমাজবাদের তত্ত্ব নিয়ে তার ব্যবহারযোগ্যতা নিয়ে তর্ক করতে চাও, আমি এটা তোমাদের সর্বশক্তিমানের হাতে জারি করার জন্য ছেড়ে দিলাম। জনগণের সাধারণ কল্যাণের জন্য এটার সদগুণ গুলো বুঝতে পারবে। যারা এটার বিরোধ অব্যবহারিকতার অজুহাত দিয়ে করে, সর্বশক্তিমান আসুন আর পুরোটা নিয়মিত সহকারে আয়োজিত করুন। এখন এই নিয়ে তর্ক বাড়িয়ে লাভ নেই। আমি আপনাদের বলতে চাই যে এখানে ব্রিটিশ দের শাসন কোন সর্বশক্তিমানের ইচ্ছেয় হয়নি বরং তাদের কাছে ক্ষমতা আছে যেটার বিরুদ্ধে যাবার সাহস কেউ করেনা। এটা কোন ঈশ্বরের সাহায্যে তারা আমাদের বশ্যতা স্বীকার করতে বাদ্ধ করেনি, বরং বন্দুক আর গুলির, বম্ব এর সাহায্যে, পুলিশ আর মিলিটরির সাহায্যে আর সঙ্গে আমাদের উদাসীনতা সুযোগ নিয়ে তারা সফলতার সঙ্গে আপত্তিজনক পাপ করে, সমাজের বিরুদ্ধে, একটা দেশ আর একটা দেশের বিরুদ্ধে দুঃখজনক শোষণ চালাচ্ছে। ঈশ্বর কোথায়? একজন নিরো, একজন চঙ্গেজ : তিনি নিপাতযান।

তোমরা কি আমাকে জিজ্ঞেস করবে যে কি ভাবে বিশ্বের আর মানুষের সৃষ্টি হয়েছিল? ঠিক আছে, আমি তোমাদের বলছি। চার্লস ডারউইন এই বিষয়ে কিছুটা প্রকাশ দিতে পেরেছেন, ওনাকে পড়ুন। পড়ুন সোহম স্বামীর 'কমনসেন্স' এটা তোমাদের কিছুটা উত্তর দিতে পারবে। এটা একটা প্রাকৃতিক ঘটনা, একটা নিহারিকায় আকস্মিক ভাবে কিছু জিনিসের মিশ্রনের এই পৃথিবীর জন্ম, কখন? ইতিহাস আলোচনা করুন। এই পদ্ধতি দ্বারাই জন্তুদের এবং অনেক পরে মানুষের উদ্ভব হয়েছিল।

ডারউইনের 'ওরিজিন অফ স্পিসিজ' পড়, এবং পরের সবরকমের উন্নতি, মানুষের প্রকৃতির সাথে নিরন্তর বিরোধের ফল, আর প্রকৃতিকে অগ্রাহ্য করার জন্য। এটা সবচেয়ে ছোট ব্যাখ্যা এই ঘটনার।

তোমাদের আর একটা তর্ক হতে পারে, শুধু জিজ্ঞেস করার জন্য যে কোন বাচ্চা কেন অন্ধ বা খোঁড়া হয়ে জন্ম নেয় যদি সে পূর্বজন্মে কোন পাপ না করে থাকে? এই প্রশ্নটার বায়োলজিস্ট দের দ্বারা ভালভাবে জৈবিকরূপে বোঝানো যায় যে এটা একটা জৈবিক ঘটনা। তাঁরা বলেন যে এটা পুরোপুরি তার পালকদের ওপর নির্ভর করছে, তারা হয় অজ্ঞানী বা অজ্ঞ। তাদের করা কাজের ফলাফলের জন্য যার জন্য বাচ্চার জন্মের আগেই অঙ্গ হানি হয়েছে।

স্বাভাবিকভাবে এটা বাচ্চাদের মতন শোনাবে কিন্তু তোমরা প্রশ্ন করবে - যদি ঈশ্বরের অস্তিত্ব না থাকতো তাহলে কি করে লোকেরা তাঁকে বিশ্বাস করত? আমার উত্তর ছোট এবং স্পষ্ট। যেমন তারা ভূত আর খারাপ আত্মায় বিশ্বাস করে, অন্তর একটাই ঈশ্বরের বিশ্বাস তা শ্বাশ্বত এবং তাঁর ওপরে দর্শন ভালভাবে উন্নত হয়েছে। অন্যান্য বাস্তববাদিদের মতন আমি তাঁর উদ্ভবের চিহ্ন শোষকদের চতুরতার মধ্যে দেখি, যারা মানুষকে তাদের অধীন করতে চায়, সর্বশক্তিমানের বিষয়ে বলে, যে সে সব জায়গায় উপস্থিত আর নিজেদের সুবিধাজনক অবস্থায় থাকার জন্য তাঁর দ্বারা অনুমোদন নিয়েছে, তা নিয়ে প্রশ্ন করব না যারা মানুষকে নিজেদের অধীনে রাখতে চায় এই সমস্ত বুঝিয়ে। যদিও আমি ওদের কথা নাকচ করছি না, কেননা জরুরি কথা হল যে প্রত্যেকটা প্রতিষ্ঠান যা বিশ্বাস, ধর্ম, স্বধর্মের সঙ্গে যুক্ত সেগুলো সবই মানুষ এবং শ্রেণীর সঙ্গে অত্যাচারী এবং শোষক প্রতিষ্ঠান হয়ে উঠেছে। রাজার বিরোধে বিপ্লব করা পাপ, এটা সব ধর্মেই আছে।

ঈশ্বরের সৃষ্টির ব্যাপারে, আমার নিজস্ব মত যে মানুষ যখন নিজের সীমাবদ্ধতা, তার দুর্বলতা আর ত্রুটিগুলোর বিষয়ে ভাবল, ঈশ্বর একটা কাল্পনিক অস্তিত্ব হিসেবে আবির্ভূত হলেন যিনি মানুষকে সহজ ভাবে সবরকমের ঝড়-ঝাপ্টার পরিস্থিতি সামাল দিতে, কোন বিপদ কে পুরুষালি ঢংএ সমাধান করতে আর তাকে সমৃদ্ধি আর ধনসম্পত্তির উচ্ছাসে নিজের সংযম না হারানোর উৎসাহ, সাহস দেন।

ঈশ্বরকে, ওনার ইচ্ছা, ওনার নিজস্ব নিয়ম-কানুন আর পিতা-মাতার মতন বদান্যতা সবরকম ধারণা মিলিয়ে বড় বিস্তারিত ভাবে আঁকা হয়েছে। ওনাকে একজন প্রতিরোধক গুণক হিসেবে সামনে আসতে হয় যখন ওনার রোষ এবং

নিজস্ব নিয়মগুলি নিয়ে আলোচনা হয়, যাতে সমাজের জন্য মানুষ বিপদজনক হয়ে না ওঠে। একাধারে পিতা, মাতা, বোন, ভাই এবং বন্ধু আর সাহায্যকারীর ভূমিকায় ওনাকে থাকতে হয়, যখন ওনার পিতা-মাতার গুনাগুনের বর্ণনা হয়, যাতে, যখন মানুষ মর্মান্তিক পীড়ায় থাকে, ধোখা খায় আর সব বন্ধুদের দ্বারা তাকে একলা করে দেওয়া হয়, মানুষ এই ভেবে সান্তনা পায় যে তার একজন যথার্থ বন্ধু আছে যে তাকে সাহায্য করবে। তাকে আশ্রয় দেবে আর সে সর্বশক্তিমান, সে কিছুও করতে পারে। প্রাচীন কালে এটা সমাজের জন্য সত্যই উপযোগী ছিল। ঈশ্বরের ভাবনা মানুষ কে তার কষ্টের সময় সাহায্য করে।

সমাজকে এই বিশ্বাস নিয়ে লড়তে হবে সাথেই যেরকম সে মূর্তি পূজা নিয়ে এবং ধর্মের সংকীর্ণ ধারণা নিয়ে লড়েছিল, ঠিক সেই মত তখন মানুষ বাস্তববাদী হয়ে নিজের পায়ে দাঁড়াতে চেষ্টা করবে। আমাদের কে বিশ্বাস ঝেড়ে ফেলতে হবে, আর সব রকমের যন্ত্রনা, সমস্যা, পরিস্থিত জনিত কষ্ট কে সামনা-সামনি পার করতে হবে। এটাই আমার অবস্থা। এটা আমার আত্মগর্ব নয়, আমার বন্ধুরা। এটা আমার চিন্তাধারা, যা আমাকে নাস্তিক তৈরি করেছে। আমি জানিনা আমার ঈশ্বরের ওপর বিশ্বাস বা রোজ প্রার্থনা করা, যেটাকে আমি স্বার্থপর এবং অধঃপতিত কাজ মনে করি, সেই প্রার্থনা আমার কেস কে ঠিক করবে বা আরও খারাপ করবে। আমি অনেক নাস্তিকদের পড়েছি যারা সব দুর্যোগ একলা সহ্য করেছে, তাই আমিও একজন মানুষের মতন দাঁড়াতে চাই যার শেষ পর্যন্ত মাথা উঁচু থাকবে, এমনকি ফাঁসির দড়িতেও।

দেখা যাক, আমি নিজেকে কি ভাবে চালাই, আমাকে আমার এক বন্ধু প্রার্থনা করতে বলেছিল, যখন সে জানলো যে আমি নাস্তিক, সে বলেছিল "তোমার শেষের দিনগুলিতে তুমি বিশ্বাস করতে শুরু করবে। "আমি বলেছিলাম: না, আমার প্রিয় স্যার, এটা হবে না আমি এটাকে একটা নিম্ন এবং মনোবল ভাঙ্গার মতন কাজ মনে করবো। আমি স্বার্থের জন্য প্রার্থনা করবো না।" পাঠক এবং বন্ধুরা: এটা কি আত্মগর্ব? যদি তাই হয়, আমি তাতেই স্থির থাকবো।

**

২৭

ভগত সিংহের শেষ পিটিশন

প্রতি
দ পাঞ্জাব গভর্নর

স্যার,

সসম্মানে, আপনার ধ্যানাকর্ষণের জন্য নিম্নলিখিত বক্তব্য রাখছি:

যে আমাদের ৭ অক্টোবর, ১৯৩১, ব্রিটিশ কোর্ট, এল. সি. সি. ট্রাইব্যুনলে মৃত্যুদণ্ড শোনানো হয়েছিল, এই কোর্ট এসপি. লাহোর কন্সপিরেসি কেস অর্ডিন্যান্স এর অন্তর্গত বানানো হয়েছিল যেটা এচ.ই. ভাইসরয়, ব্রিটিশ সরকার ভারত এর দ্বারা আইনত ঘোষণা হয়েছিল, এবং আমাদের বিরুদ্ধে মুখ্য অভিযোগ ছিল যে আমরা ইংল্যান্ডের রাজা এচ. এম. কিং জর্জের বিরুদ্ধে যুদ্ধ চালিয়েছিলাম।

ওপরে দেওয়া কোর্টের তথ্য থেকে দুটো ব্যাপার আন্দাজ করে নেওয়া যায়:

প্রথমতঃ ব্রিটিশ রাষ্ট্র এবং ভারতবর্ষ রাষ্ট্রের মধ্যে যুদ্ধের মত অবস্থা অস্তিত্বে আছে, আর দ্বিতীয়তঃ যে আমরা সত্যিই সেই যুদ্ধে যোগদান করেছিলাম। তাহলে আমরা যুদ্ধ বন্দি। দ্বিতীয় আন্দাজটা একটু বেশি প্রশংসার বিষয়, কিন্তু ইহার পরিবর্তে এটাকে নীরবে মেনে নেওয়ার ইচ্ছে টাকে দমিত করা খুব লোভনীয়।

প্রথমটার ব্যাপারে যদি বলি, আমাদের জবরদস্তি কিছু বিবরণে যেতে হবে। পরিষ্কার ভাবে এটা বোঝা যায় যে এরকম কোন যুদ্ধর ইঙ্গিত নেই। তাও, আমাদের অনুমতি দিন যে এই আন্দাজ করার বৈধতা আমরা স্বীকার করি। কিন্তু এটা ঠিকমত বুঝতে হলে আমাদের আগে আর একটু ব্যাখ্যা করতে হবে।

যাক, আমরা ঘোষণা করি যে যুদ্ধের মতন স্থিতি আছে আর থাকবে, ততদিন, যতদিন ভারতীয় লোকেরা পরিশ্রম করবে আর আমাদের প্রাকৃতিক সম্পদাগুলো কে কিছু পরজীবীরা শোষণ করবে৷ তারা পুরোপুরি ব্রিটিশ পুঁজিবাদী হতে পারে বা ব্রিটিশ আর ইন্ডিয়ান কিংবা পুরোপুরি ইন্ডিয়ান হতে পারে৷ তারা হতে পারে মিলে বা পুরো ইন্ডিয়ান বুর্জোয়া নীতি দিয়ে চুপচাপ শোষণ করছে৷ এতে কিছু যায় আসে না৷ কোন ব্যাপারই নয়, যদি তোমাদের সরকার কিছু তর্ক বা সমঝোতা করে আমাদের দেশের ওপর স্তরের নেতাদের জেতার চেষ্টা করে এবং সফলও হয়, সেটা প্রমুখ ক্ষমতার কিছুটা অস্থায়ী হতাশা আনার কারণ হতে পারে৷ কোন ব্যাপার নয়, যদি আবার ভারতীয় আন্দোলনের পরিচালক, বিপ্লবী পার্টি, নিজেকে এই যুদ্ধে পরিত্যক্ত মনে করে৷ কোন ব্যাপার নয়৷ যদি নেতারা যারা সমবেদনা আর চিন্তা করেছেন আমাদের জন্যে তাদের কাছে আমরা ঋণী, কিন্তু তাও আমরা কিছু ব্যাপার ছেড়ে দিতে পারি না যে তারা এতো ক্যাবলা হয়ে গিয়েছিলেন যে শান্তির মধ্যস্থতার সময় ওনারা গৃহহীন, বন্ধুহীন আর টাকাহীন সেই মহিলা শ্রমিকদের উপেক্ষা করেছেন যাদের ওপর অভিযোগ দেন পরিচালকরা যে তারা তাদের অন্তর্গত, আর নেতারা তাদের কাল্পনিক অহিংসা কল্টের, যা অতীত হয়ে গেছে, তার শত্রু মনে করে; সেই হিরোইনরা যারা নিঃস্বার্থভাবে বলিদান দিয়েছে বা নিজের স্বামী, ভাই, এবং অন্যান্য কাছের, ভালোবাসার মানুষদের সঙ্গে নিজেদের বলিদানের জন্য এগিয়ে দিয়েছে, যাদেরকে তোমাদের সরকার সমাজচ্যুত ঘোষণা করেছে৷ কোন ব্যাপার নয়, তোমাদের এজেন্টরা তাদের দাগহীন চরিত্র আধারহীন ভুল মতামত দিয়ে নষ্ট করেছে আর তাদের পার্টির সুনামও খারাপ করেছে৷ এই যুদ্ধ তো চলবে৷

এটা হয়ত অন্য সময় অন্য ধরণের হয়ে যেতে পারে৷ এটা হয়ত এখন খোলাখুলি, এখন লুকিয়ে, এখন শুদ্ধভাবে আন্দোলন, এখন জীবন-মরণের সংঘর্ষ৷ সেটা রক্তপাতের সঙ্গে হবে না শান্তিপূর্ণ ভাবে হবে, সেটার বিকল্প তোমাদের ওপর নির্ভর করছে৷ বেছে নাও যেটা তোমরা চাও৷ কিন্তু এই যুদ্ধ নিরন্তর চলবে, কোনোরকমের সাধারণ আইন বিরুদ্ধ আর অর্থহীন নীতি আদর্শকে বিবেচনা করা হবে না৷

এটা সবসময় চলবে নতুন উৎসাহ, অত্যধিক স্পর্ধা আর অনমনীয় সংকল্পের সাথে যতক্ষণ না সামাজিক প্রজাতন্ত্র স্থাপিত না হচ্ছে, আর বর্তমান সামাজিক

নির্দেশ কে পুরোপুরি সরিয়ে দিয়ে নতুন সামাজিক নির্দেশ, যেটা সামাজিক সম্পন্নতার ওপর আধারিত হবে, আর তাই প্রত্যেক রকমের শোষণের শেষ হবে আর মানবতা সত্য এবং স্থায়ী শান্তির যুগের দরজায় এসে দাঁড়াবে৷ খুব নিকট ভবিষ্যতে অন্তিম যুদ্ধ হবে আর অন্তিম মীমাংসা হবে৷

পুঁজিবাদী এবং সাম্রাজ্যবাদীদের শোষণের দিন ফুরিয়ে এসেছে৷ এই যুদ্ধ না আমাদের দিয়ে শুরু হয়েছিল না আমাদের জীবন দিয়ে শেষ হবে৷ এটা ঐতিহাসিক ঘটনাগুলির এবং বর্তমান পরিস্থিতির অনিবার্য্য ঘটনাক্রম৷ আমাদের ছোট -ছোট বলিদানগুলি শুধু এই মালার জোড়, যেটা খুব সুন্দর ভাবে, সুষ্ঠু ভাবে শ্রী দাস আর দুঃখজনক বলিদান কমরেড ভগবতী চরণ আর কীর্তিমান মৃত্যু আমাদের প্রিয় কমরেড আজাদের দ্বারা সম্পাদিত হয়েছে৷

আর যতদূর আমাদের ভাগ্যের কথা, প্লিজ আমাদের বলতে দিন যে যখন আপনারা আমাদের মৃত্যুর কথা ভেবেই নিয়েছেন, সেটা আপনারা নিশ্চই করবেন৷ আপনাদের হাতে শক্তি আছে আর শক্তি বিশ্বে সবচেয়ে বড় ন্যায্যতা৷ আমরা ওই প্রবাদবাক্য জানি 'মাইট ইজ রাইট' যেটা আপনাদের দিশানির্দেশের বাক্য৷ আমাদের পুরো ট্রায়ল সেটাই প্রমাণিত করে৷ আমরা চাইছিলাম আপনাদের বিচার অনুযায়ী আমরা যুদ্ধ চালিয়েছি, আর সেই ভাবে আমরা যুদ্ধ বন্দি৷ আর আমরা দাবি করছি যে আমাদের সাথে সেরকম ব্যবহার হওয়া উচিত, মানে আমরা দাবি করি যে আমাদের গুলি করা হোক না কি ফাঁসি, এটা আপনার ওপরে নির্ভর করছে যে আপনাদের কোর্ট যা বলেছে সেটাকে প্রমাণিত করবেন কি না৷

আমরা অনুরোধ করছি আর আশা করছি যে আপনি দয়া করে মিলিটরি বিভাগ কে আদেশ করুন যে তারা আমাদের মৃত্যুদণ্ড দিক৷

আপনার

ভগত সিংহ

***

সাদাম চৌক, লাহোর যেখানে ভগত সিংহ,
রাজগুরু আর সুখদেব কে ১৯৩১ এ ফাঁসি দেওয়া হয়েছিল।

The Tribune.

BHAGAT SINGH, RAJGURU AND SUKHDEV EXECUTED.

NO "LAST INTERVIEW" WITH RELATIONS.

মার্চ ২৫ ১৯৩১ এ 'ট্রিবিয়ুনের' প্রথম পাতা, ভগত সিংহ সুখদেব আর
রাজগুরুর ফাঁসীর কথা লেখা।

ভগত সিংহের মা

বিদ্যাবতী কউর

ভগত সিংহের কাকা

অজিত সিংহ

ভাগত সিংহের কাকা

স্মরণ সিংহ

সুখদেব থাপর
(১৫ মে ১৯০৭ - ২৩ মার্চ, ১৯৩১)

শিবরামন রাজগুরু
(২৪ অগাস্ট, ১৯০৮ - ২৩ মার্চ, ১৯৩১)

বটুকেশ্বর দত্ত
(১৮ নভেম্বর ১৯১০ - ২০ জুলাই, ১৯৬৫)

Main Nastik Kyon Hoon?
(Bangla)